Thoreau | Vom Wandern

[Was bedeutet das alles?]

Henry David Thoreau

Vom Wandern

Aus dem amerikanischen Englisch übersetzt
von Ulrich Bossier

Reclam

6. Auflage

RECLAMS UNIVERSAL-BIBLIOTHEK Nr. 19074
2013 Philipp Reclam jun. Verlag GmbH,
Siemensstraße 32, 71254 Ditzingen
info@reclam.de
Gestaltung: Cornelia Feyll, Friedrich Forssman
Druck und Bindung: Esser printSolutions GmbH,
Untere Sonnenstraße 5, 84030 Ergolding
Printed in Germany 2025
RECLAM, UNIVERSAL-BIBLIOTHEK und
RECLAMS UNIVERSAL-BIBLIOTHEK sind eingetragene Marken
der Philipp Reclam jun. GmbH & Co. KG, Stuttgart
ISBN 978-3-15-019074-6
reclam.de

Inhalt

Vom Wandern 7

Zu dieser Ausgabe 78
Zum Autor 79

Vom Wandern

Ich will meine Stimme erheben für die Natur, für absolute Freiheit und Wildheit, im Gegensatz zur zivilisatorisch eingehegten Freiheit und Kultur; dabei betrachte ich den Menschen als Bewohner, ja als festen Bestandteil der Natur, nicht als Glied der Gesellschaft. Ich will eine extreme Position vertreten, und dies, mit Verlaub, durchaus energisch; denn Verfechter der Zivilisation gibt es ja genug; der Pfarrer, das Schulkomitee und jeder einzelne von Ihnen werden sich ihrer schon annehmen.

Ich habe in meinem Leben nur ein, zwei Menschen kennengelernt, die sich auf die Kunst des Spazierens verstanden oder, anders ausgedrückt, eine Begabung zum Schlendern besaßen. Spazierengehen heißt, gemächlich zu gehen, eben zu schlendern, *to saunter*, wie wir im Englischen sagen; eine reizvolle Etymologie* zu diesem Wort vermeint, es leite sich her von »müßigen Gesellen, die im Mittelalter durch die Gegend streiften und unter dem Vorwand, sie wollten *à la Sainte Terre*, ›ins Heilige Land‹, Almosen erbettelten«; irgendwann hätten dann die Kinder gerufen:

* Diese falsche Erklärung oder Volksetymologie geht zurück auf Samuel Johnsons *A Dictionnary of the English* von 1755.

»Da kommt ein *Sainte-Terrer«* – ein ›Heiligländer‹, und daraus wurde *Saunterer*. Heute bezeichnet *to saunter* schlicht ein gemächliches Gehen; die Volkssprache verwendet sogar ›pilgern‹ in dieser Bedeutung. Jene aber, deren ›Pilgermärsche‹, entgegen ihrer Vorgabe, nicht ins Heilige Land führen, sind wahrhaftig nur müßige Streuner und Stromer; doch jene, die ihre Schritte tatsächlich dorthin lenken, sind *Saunterer* im guten Sinne, sind echte Pilger, und die meine ich. Manche behaupten freilich, das Wort komme von *sans terre* ›ohne Land‹, ›ohne Heimstatt‹, was ins Positive gewendet hieße, keine eigene Heimstatt zu haben, sondern überall gleichermaßen daheim zu sein. Dies nämlich ist das Geheimnis des erfolgreichen Wanderns und Pilgerns. Wer immer still zu Hause hockt, kann trotzdem der größte Streuner sein; der Pilger im guten Sinne jedoch vagabundiert ebenso wenig wie ein kurvenreicher, mäandernder Fluss, der ständig und unermüdlich den kürzesten Weg zum Meer sucht. Ich bevorzuge allerdings die erste Herleitung, die übrigens auch die wahrscheinlichere ist. Denn bei jedem Fußmarsch handelt es sich um eine Art Kreuzzug; irgendein Peter der Einsiedler* ruft uns dann auf, hinauszugehen und

* Anspielung auf Peter von Amiens (1050–1115), den Anführer des Ersten Kreuzzugs.

ein bestimmtes Heiliges Land von den Ungläubigen zu befreien.

Nun sind wir freilich recht kleinmütige Kreuzfahrer, und auch die Wanderer unternehmen heute keine Reisen, die Beharrlichkeit erfordern und deren Schluss nicht absehbar ist. Unsere Expeditionen sind eher kleine Touren, und abends finden wir uns an jenem vertrauten Herde wieder ein, von dem wir morgens losgezogen waren. Auf solchen Partien verbringen wir die Hälfte der Zeit damit, unsere Schritte zurückzuverfolgen. Vielleicht aber sollten wir selbst den kürzesten Gang in einer besonderen Geisteshaltung vollführen: Stellen wir uns vor, er wäre ein Abenteuer, das kein Ende kennt, bei dem wir damit rechnen müssten, dass wir nie heimkehrten und nur unsere einbalsamierten Herzen als Reliquien in unsere verlassenen Königreiche gelangten.* Wer bereit ist, sich von Vater und Mutter, Bruder und Schwester, Weib, Kind und Freunden zu trennen und sie nie wiederzusehen, wer seine Schulden bezahlt, sein Testament gemacht und alle Angelegenheiten geregelt hat – der mag wandern.

Um auf meine eigenen Erfahrungen zu sprechen zu kommen: Mein Begleiter und ich – ja, gelegentlich

* Anspielung auf die Sitte, wenn schon nicht den gesamten Körper, so doch wenigstens die Herzen gefallener Kreuzfahrer zurück in die Heimat zu überführen.

habe ich einen Begleiter – gefallen uns in der Phantasie, wir wären Mitglieder eines neuen oder vielmehr eines recht bejahrten Ordens: freilich nicht Equites oder Chevaliers, nicht Ritter oder Reiter, sondern Fußläufer – eine, denke ich, noch ältere und noch ehrbarere Klasse. Der ritterliche, heroische Geist, der einst die Herren zu Pferde beseelte, wohnt jetzt offenbar den Fußläufern inne oder setzt sich allmählich in ihnen fest: Was früher der Irrende Ritter war, ist heute der Irrende Wanderer. Er gehört zu einer Art viertem Stand, außerhalb von Kirche, Staat und Volk.

Wir haben den Eindruck, dass wir hierorts fast die einzigen sind, die diese edle Kunst praktizieren. Seltsam, denn die meisten in meiner Stadt würden eigentlich – sofern man ihren Beteuerungen glauben darf – auch gern hin und wieder wandern wie ich; aber sie können es nicht. Kein Reichtum kann die erforderliche Muße, Freiheit und Unabhängigkeit kaufen, die in diesem Metier das Kapital darstellen. Diese Dinge schenkt allein die Gnade Gottes. Hier bedarf es einer himmlischen Fügung. In die Familie der Wanderer muss man hineingeboren werden: *Ambulator nascitur, non fit.** Einige meiner Mitbürger erzählten mir, sie seien doch schon einmal gewandert, vor zehn Jah-

* ›Wanderer muss man von Geburt an sein; werden kann man es nicht.‹

ren, so erinnern sie sich. Dabei hatten sie Glück und verirrten sich für eine halbe Stunde im Forst. Aber seitdem, das weiß ich genau, haben sie sich stets brav auf der Landstraße gehalten; deshalb können sie noch so sehr Anspruch darauf erheben, auch zu jener ausgewählten Klasse zu gehören, er wird davon nicht legitimer. Zweifellos fühlten sie sich damals einen Augenblick lang innerlich erhoben, wohl deshalb, weil sie sich einer früheren Stufe ihrer Existenz entsannen, als sogar sie noch als Wäldler und Gesetzlose lebten.

When he came to grene wode,
In a mery mornynge,
There he herde the notes small
Of byrdes mery syngynge.

It is ferre gone, sayd Robyn,
That I was last here;
Me lyste a lytell for to shote
At the donne dere.

[Als er in den grünen Wald kam / eines schönen Morgens, / hörte er die zarten Töne / von Vögeln, die fröhlich sangen. // »Es ist lange her«, sprach Robin, / »dass ich zuletzt hier war. / Ich hätte Lust, ein wenig zu jagen / den graubraunen Hirsch«.]*

* Zitat aus »A Lytell Geste of Robyn Hode« aus der Sammlung *Robin Hood: A Collection of All the Ancient Poems, Songs and Ballads* (1795), hrsg. von Joseph Ritson.

Ich glaube, dass ich meine körperliche und geistige Gesundheit nur bewahren kann, wenn ich regelmäßig schlendere, täglich mindestens vier Stunden, meist sogar mehr, durch den Wald und über Hügel und Felder, gänzlich frei von allen weltlichen Belangen. Jetzt werden Sie bestimmt sagen: »Ich möchte doch allzu gerne wissen, was er dabei so denkt, während er läuft«. Nun, zum Beispiel an Handwerker und Ladenbesitzer. Vergegenwärtige ich mir, dass diese nicht nur den Vormittag, sondern auch den Nachmittag drinnen verbringen, in ihren Werkstätten und Läden sitzend, oft sogar auch noch mit gekreuzten Beinen – als wären Beine gemacht zum Daraufsitzen anstatt zum Daraufstehen und -gehen –, so finde ich, diesen Leuten gebühre durchaus ein wenig Anerkennung dafür, dass sie sich nicht alle längst umgebracht haben.

Bleibe ich nur einen ganzen Tag in meinem Zimmer, setze ich Rost an; und wenn ich manchmal meinen Spaziergang verstohlen erst um die elfte Stunde beginne, d. h. also um vier Uhr nachmittags – zu spät, denn dann kann ich die Helligkeit kaum noch nutzen, weil sich bereits die Schatten der Nacht mit den Lichtern des Tages vermischen –, fühle ich mich, als hätte ich mir eine Sünde zuschulden kommen lassen, für die ich noch büßen werde. Ich gestehe, ich bin erstaunt über das Durchhaltevermögen und mehr noch über die moralische Gefühllosigkeit meiner Nachbarn, die sich Wochen und Monate, ja fast ganze Jahre auf ihre Läden, Werkstätten und Büros beschränken. Ich weiß nicht, aus welchem Stoff die gemacht sind – sitzen um drei Uhr nachmittags da, als wäre es drei Uhr morgens. Bonaparte* sprach einst, der wahre Mut sei der um drei Uhr *früh***; aber das ist nichts gegen die Tapferkeit dessen, der um drei Uhr *nachmittags* fröhlich die Person belagert, mit welcher er schon den ganzen Vormittag zusammen war, nämlich die eigene, mit der ihn doch eigentlich eine starke Freundschaft verbinden sollte. Ich frage mich, weshalb um diese Zeit – sagen wir: zwischen vier und fünf Uhr nachmittags, wenn es für die Morgenzeitung zu spät und für die Abendzeitung zu früh ist – keine gewaltige Explosion erfolgt, straßauf straßab, welche die Scharen antiquierter und hausbackener Marotten und fixen Ideen in alle vier Winde zerstreut, dann würde einmal ordentlich durchgelüftet – und das Übel sich selbst beheben.

Wie die Frauen das durchstehen, die ja noch stärker ans Haus gebunden sind als die Männer, weiß ich nicht; aber ich habe Grund für den Verdacht, dass sie es eben gar nicht *durchstehen*. Passieren wir sommers am frühen Nachmittag eilig die Häuser mit den stil-

* Napoleon Bonaparte (1769–1821), Kaiser der Franzosen.

** D. h. der unmittelbare Mut, der noch nicht durch das Tagesgeschäft verwässert wurde.

echt dorischen oder gotischen Fassaden, Gebäude, die eine Atmosphäre stillster Ruhe verströmen, so flüstert mir, bevor wir den Staub des Städtchens vom Saum unserer Kleider schütteln und aufbrechen, mein Begleiter zu, dass um diese Zeit vermutlich alle Bewohner dieser Häuser im Bett lägen. Da lobe ich mir doch die Schönheit und Herrlichkeit der Architektur, die sich nie nach drinnen zurückzieht und schlafen legt, sondern immerdar draußen aufrecht steht und über die Schlummernden wacht.

Zweifellos spielen hier das Temperament und besonders das Alter eine wichtige Rolle. Je älter jemand ist, desto besser kann er stillsitzen und Beschäftigungen in geschlossenen Räumen nachgehen. Während sein Lebensabend näherrückt, wird er auch in seinen Gewohnheiten immer vespertiner*, bis er sich schließlich erst im letzten Tageslicht außer Hauses begibt und binnen einer halben Stunde die nötigsten Gänge erledigt.

Aber das Wandern, das ich meine, hat nichts zu tun mit den sogenannten gymnastischen Übungen, bei denen man Hanteln oder Stühle schwingt, planmäßig, wie ein Kranker seine Medizin zu vorgeschriebener Zeit einnimmt. Man betrachte den Spaziergang vielmehr als die Unternehmung, ja, als das

* »vespertinal«: wörtl. »dem Abend zugeneigt«.

Abenteuer des Tages. Wer sich ertüchtigen will, der begebe sich auf die Suche nach den Quellen des Lebens. Da schwingt einer Hanteln, um seine Gesundheit zu fördern, und dabei plätschern jene Quellen in fernen Gefilden – er sucht sie nur nicht!

Außerdem sollte man gehen wie ein Kamel, dem man ja nachsagt, es sei das einzige Tier, das im Laufen wiederkäut. Als ein Reisender einmal Wordsworths* Haushälterin bat, ihm das Arbeitszimmer ihres Herrn zu zeigen, antwortete sie: »Hier hat er nur seine Bibliothek; sein Arbeitszimmer ist draußen«.

Wer viel Zeit unter freiem Himmel verbringt, der Sonne und dem Wind ausgesetzt, dessen Charakter entwickelt zweifellos eine gewisse Rauheit – wie auf Gesicht und Händen wächst dann auf unseren delikateren Wesenszügen ebenfalls eine dickere Haut; ähnlich raubt ja auch schwere körperliche Arbeit den Händen einen Teil ihrer Feinfühligkeit. Andererseits entwickelt bei jemandem, der sich andauernd drinnen aufhält, die Haut eine Weichheit und Glätte, um nicht zu sagen: Dünnheit, und damit ursächlich verbunden werden die Sinne empfindlicher, was gewisse Reize betrifft. Vielleicht wären wir manchen für unser geistiges und moralisches Wachstum wichtigen Einflüssen zugänglicher, wenn die Sonne uns etwas weniger

* William Wordsworth (1770–1850), engl. Dichter.

beschiene und der Wind uns etwas weniger umwehte; und zweifellos lohnt es sich, die dicke und die dünne Haut ins rechte Verhältnis zueinander zu bringen. Mir scheint jedoch, der Überzug ist ein Schorf, der ohnehin bald abfällt, und um das rechte Verhältnis herzustellen, gibt es ein natürliches Heilmittel, nämlich das Verhältnis zwischen Tag und Nacht, Winter und Sommer, Gedanken und Erfahrungen. In unsere Gemüter gelangt auf diese Weise viel mehr Luft und Sonnenschein. Die schwieligen Hände des Arbeiters sind den zarteren Geweben der Selbstachtung und des Heldenmuts erheblich näher als die schlaffen Finger des Müßigen. Was da am helllichten Tag im Bett liegt und sich weiß und makellos dünkt, der Bräune und den Schwielen der Erfahrung weit entrückt, ist nicht sensibel, sondern bloß sentimental.

Wandern wir so, nehmen wir natürlich den Weg durch Feld und Wald; was hätten wir davon, wenn wir nur in Gärten und Schattenpromenaden herumspazierten? Sogar einige philosophische Schulen haben den Wert des Waldes gekannt; gingen sie selbst nicht dorthin, holten sie ihn zu sich: »Sie pflanzten Haine und Alleen aus Platanen« und unternahmen in offenen Säulengängen *subdiales ambulationes**. Al-

* Spaziergänge unter freiem Himmel (Anspielung auf Plinius nach dem Älteren).

lerdings hat es keinen Zweck, unsere Schritte zum Wald zu lenken, wenn sie uns gar nicht wirklich dorthin tragen. Bisweilen gehe ich eine ganze Meile in den Wald hinein und bemerke dann erschrocken, dass ich nur körperlich dort bin, im Geiste aber nicht. Bei meiner nachmittäglichen Wanderung möchte ich meine morgendlichen Tätigkeiten und meine gesellschaftlichen Obliegenheiten am liebsten vergessen. Aber nicht immer kann ich unser Städtchen so einfach abschütteln. Der Gedanke an irgendeine Aufgabe schießt mir durch den Kopf, und schon bin ich nicht mehr dort, wo mein Körper ist – ich bin nicht mehr bei Verstand. Auf meinen Wanderungen möchte ich aber gern zu Verstand kommen. Was soll ich im Wald, wenn ich dort an etwas denke, das nicht im Wald ist? Ich zweifle an mir, und unwillkürlich schaudere ich darüber, dass ich so sehr in andere Dinge verstrickt bin – darunter in solche, die man gemeinhin ›gute Werke‹ nennt – ja, auch dies kommt gelegentlich vor.

Meine Umgebung bietet viele schöne Möglichkeiten zum Wandern; und obwohl ich seit vielen Jahren fast jeden Tag laufe, manchmal sogar mehrere Tage hintereinander, habe ich sie längst nicht alle genutzt. Ein gänzlich neuer Anblick bedeutet für mich ein großes Glück, und das kann mir noch jeden Nachmittag passieren. Zwei, drei Stunden Weg, und ich befinde mich in einer Gegend, die mir genauso fremd ist wie irgendwelche exotischen Plätze, die ich noch sehen mag. Ein abgelegenes Gehöft, das ich bis dato nie bemerkt hatte, erfüllt mich mit Freude, und nicht einmal die Besitztümer des Königs von Dahomey* könnten mich stärker beeindrucken. Tatsächlich gibt es eine Art Gemeinsamkeit zwischen den Reizen einer Landschaft im Umkreis von zehn Meilen – etwa die Strecke für einen Nachmittag – und einem, sagen wir, 70jährigen Menschenleben: Man wird mit beiden nie ganz vertraut.

Der sogenannte Fortschritt, den die Menschen heutzutage vorantreiben und der sich etwa darin zeigt, dass Häuser errichtet, Wälder gerodet und alle großen Bäume gefällt werden, entstellt die Landschaft bloß und macht sie zahmer und schäbiger. Das wäre mir ein Volk, das mit dem Verbrennen der Zäune begänne und den Wald stehen ließe! Ich erinnere mich einer Szene: halb verfallene Zäune zogen sich weit durch die Felder und endeten verloren in der Prärie; da kam so ein weltlich gesinnter Geizkragen, begleitet von einem Landvermesser, und wollte den Verlauf der Grenzen seines Grundstücks prüfen, während rings der Himmel die Erde berührte; er aber bemerkte die Engel nicht, die dort hin- und her-

* Heute Benin in Westafrika.

schwebten, sondern suchte den Boden ab nach einem alten Pfostenloch – mitten im Paradies. Ein zweiter Blick, und ich sah ihn inmitten eines morastigen, stygischen* Sumpfes, umringt von Teufeln; seine Grenze immerhin hatte er zweifellos gefunden – drei kleine Steine markierten die Stelle, wo einst der Pfahl eingeschlagen stand –, und als ich näher hinschaute, bemerkte ich, dass sein Landvermesser der Fürst der Finsternis war.

Ich kann von meiner Tür aus leicht eine beachtliche Strecke wandern, zehn, fünfzehn, zwanzig Meilen und noch mehr, ohne an irgendeinem Haus vorbeizukommen und ohne eine Straße zu überqueren, außer jenen, die auch Fuchs und Nerz benutzen; zuerst gehe ich den Fluss, dann den Bach, dann die Wiese und schließlich den Waldrand entlang. In meiner Gegend sind ganze Quadratmeilen unbesiedelt. Viele Hügel bieten mir Ausblicke auf die Zivilisation und auf die Heimstätten der Menschen in der Ferne. Die Farmer und ihre Feldarbeiten sind kaum bemerkbarer als die Murmeltiere und ihr Höhlenbau. Der Mensch und seine Angelegenheiten, Kirche, Staat, Schule, Handel und Gewerbe, Industrie und Agrikultur – ich bin erfreut zu sehen, wie wenig Raum sie alle in der Landschaft einnehmen. Die Politik ist nur ein schma-

* Dem Unterweltfluss Styx ähnlich, kalt und schauerlich.

les Feld, zu dem das noch schmalere Sträßlein da unten führt. Manchmal beschreibe ich Reisenden den Weg dorthin. »Wenn du in die Welt der Politik willst, dann folge der großen Chaussee, folge den Marktleuten, lass die Staubwolke, die sie aufwirbeln, nie aus den Augen, dann wird sie dich direkt hinführen«. Denn auch die Politik hat nur ihren begrenzten Platz und nimmt nicht allen Raum ein. Ich lasse sie hinter mir wie ein Bohnenfeld, wenn ich den Wald betrete, und schon ist sie vergessen. In nur einer halben Stunde kann ich ein Fleckchen Erde erreichen, wo jahrein, jahraus nie ein Mensch hinkommt und wo es daher auch keine Politik gibt, denn diese ist nicht mehr als von Menschen hochgeblasener Zigarrenrauch.

Das Städtchen – die Bewohner nennen es *village*, ›Dorf‹ – ist der Ort, auf den die Verkehrswege zulaufen, eine Art Erweiterung der Landstraße, ähnlich wie ein See die Erweiterung eines Flusses darstellt. Es ist ein Körper, dessen Arme und Beine die Verkehrswege sind – ein Ort mit drei, vier Straßen, fachsprachlich: ein trivialer oder quadrivialer Ort, eine Durchgangsstation, ein Nachtquartier für Reisende. Das englische *village* kommt vom lateinischen *villa*, ›Landhaus‹, ›Landgut‹, mit älteren Formen *ved*, *vella*. Varro* führt *villa* – und ebenso *via*, ›Weg‹ – zurück auf *vehere*,

* Marcus Terentius Varro (116–27 v. Chr.), römischer Gelehrter.

›bringen‹, ›fahren‹, denn die *villa* ist der Ort, zu dem Dinge hin- oder von dem Dinge weggebracht werden. ›Seinen Lebensunterhalt mit Fuhrwerken verdienen‹ hieß *vellaturam facere*. In diesem sprachlichen Zusammenhang steht offenbar auch *vilis*, ›wertlos‹, ›gemein‹, und von diesem stammen unsere englischen Wörter *vile* (gleiche Bedeutung) und *vilain* – ursprünglich ›Bauernlümmel‹, dann ›Schurke‹, ›Halunke‹. Dies könnte ein versteckter Hinweis sein auf die spezifische Degeneriertheit, der Dorfbewohner leicht verfallen. Sie sind erschöpft vom vielen Reisen – nicht etwa vom eigenen, sondern von dem, das sie dauernd an sich vorbei- und über sich hinweggehen sehen; sie enthalten sich ja völlig des Reisens.

Manche laufen überhaupt nicht; andere laufen nur auf befestigten Wegen; einige wenige laufen querfeldein. Straßen sind für Pferde und Geschäftsleute gemacht. Ich benutze sie eher selten, denn mich drängt nichts; ich muss nicht besonders schnell bei den Gaststätten, Gemüsehändlern, Mietställen oder Bahnhöfen ankommen, zu denen sie führen. Ich bin ein gutes Reisepferd, aber ich bewege mich nicht gern auf Straßen. Landschaftsmaler setzen oft menschliche Gestalten in ihre Bilder, um den Verlauf einer Straße kenntlich zu machen; meine Gestalt würde wohl kaum diese Verwendung finden. Ich wandere hinaus in eine Natur, durch die schon die alten Propheten und Dichter wanderten – Manu* und Moses, Homer** und Chaucer***. Diese Natur mag man Amerika nennen, aber sie ist nicht Amerika: weder Amerigo Vespucci† noch Christoph Columbus†† haben sie entdeckt. Was sie betrifft, versagen alle mir bekannten Werke über die sogenannte amerikanische Geschichte; einen viel glaubwürdigeren Bericht hierzu liefert uns die Mythologie.

Und doch gibt es ein paar wenige alte Straßen, die man mit Gewinn beschreiten kann, als führten sie jetzt, da sie fast außer Nutzung geraten sind, endlich irgendwohin. Da wäre etwa die Old Marlborough Road†††, ›die alte Straße nach Marlborough‹, auf der man heute, glaube ich, gar nicht mehr nach Marlborough kommt – es sei denn, jeder Ort, an dem sie mich landen lässt, ist Marlborough. Ich scheue mich nicht, hier von ihr zu reden, denn ich vermute, es gibt ein bis zwei solche Straßen in jeder Stadt.

* Mythischer Gesetzgeber bei den Hindi.

** Sagenumwobener Dichter der *Ilias* und der *Odyssee*.

*** Geoffrey Chaucer (ca. 1343 – ca. 1400), Verfasser der berühmten *Canterbury Tales*.

† Amerigo Vespucci (ca. 1451–1512), Seefahrer und Entdecker.

†† Christoph Columbus (ca. 1451–1506), Entdecker Amerikas.

††† Eine alte Straße von Concord nach Marlborough in Massachusetts.

THE OLD MARLBOROUGH ROAD

Where they once dug for money,
But never found any;
Where sometimes Martial Miles
Singly files,
And Elijah Wood,
I fear for no good:
No other man,
Save Elisha Dugan, –
O man of wild habits,
Partridges and rabbits,
Who hast no cares
Only to set snares,
Who liv'st all alone,
Close to the bone,
And where life is sweetest
Constantly eatest.
When the spring stirs my blood
With the instinct to travel,
I can get enough gravel
On the Old Marlborough Road.
Nobody repairs it,
For nobody wears it;
It is a living way,
As the Christians say.
Not many there be
Who enter therein,

Only the guests of the
  Irishman Quin.
What is it, what is it,
  But a direction out there,
And the bare possibility
  Of going somewhere?
    Great guide-boards of stone,
    But travellers none;
    Cenotaphs of the towns
    Named on their crowns.
    It is worth going to see
    Where you *might* be.
    What king
    Did the thing,
    I am still wondering;
    Set up how or when,
    By what selectmen,
    Gourgas or Lee,
    Clark or Darby?
    They're a great endeavor
    To be something forever;
    Blank tablets of stone,
    Where a traveller might groan,
    And in one sentence
    Grave all that is known;
    Which another might read,
    In his extreme need.

I know one or two
Lines that would do,
Literature that might stand
All over the land,
Which a man could remember
Till next December,
And read again in the spring,
After the thawing.
If with fancy unfurled
You leave your abode,
You may go round the world
By the Old Marlborough Road.

[DIE OLD MARLBOROUGH ROAD. // Wo sie einst nach Geld gruben, / aber nie welches fanden; / wo manchmal Martial Miles / einsam daherzieht / und auch Elijah Wood, / ohne viel Gewinn, fürchte ich. / Sonst kommt keiner oft her, / außer Elisha Dugan. – / O du Mann von wilder Art, / Rebhühner und Hasen sind deine Speise, / hast nichts zu besorgen / außer Fallen aufzustellen, / bist ohne Gesellschaft / und schaffst es gerade so; / dennoch kostest du beständig/ die süßesten Reize des Lebens. / Wenn der Frühling mein Blut bewegt / und mir die Reiselust weckt, / liegt für mich genug Schotter / auf der Old Marlborough Road. / Keiner bessert sie aus, / denn keiner nutzt sie ab. / Sie ist ein lebendiger

Weg, / wie die Christen sagen. / Nicht viele / betreten sie, / nur die Gäste des / Iren Quin. / Was ist sie, was ist sie / anderes als eine Richtung da draußen, / und die bloße Möglichkeit, / irgendwohin zu gehen? / Große Wegweiser aus Stein, / aber keine Reisenden; / Ehrenmale der Städte, / die hoch oben auf ihnen genannt sind. / Es lohnt sich zu schauen, / wo du sein könntest. / Welcher König / hat das verfügt, / frage ich mich; / wie und wann wurden sie errichtet, / und von welchen Stadträten: / Gourgas oder Lee, / Clark oder Darby? / Sie sind eifrig bestrebt, / für die Ewigkeit zu sein; / blanke Tafeln aus Stein; / darin könnte ein Reisender, vor Erschöpfung ächzend, / in einem einzigen Satze / sein ganzes Wissen einmeißeln, / das ein anderer lesen mag / in seiner höchsten Not. / Ich weiß eine oder zwei / Zeilen, die dies leisten würden, / Literatur mitzunehmen / durchs ganze Land, / die ein Mann im Gedächtnis behielte / bis nächsten Dezember, / und im Frühling läse er es dann wieder, / nach der Schneeschmelze. / Wenn du mit unverstellten Sinnen / deine Heimstatt verlässt, / kannst du die ganze Welt umrunden / auf der Old Marlborough Road.]

Im Augenblick befinden sich die besten Partien unserer Gegend noch nicht in Privatbesitz; die Landschaft gehört niemandem, und der Wanderer kann sich erfreulicherweise verhältnismäßig frei bewegen. Doch irgendwann kommt wohl die Zeit, da dies alles aufgeteilt und man sogenannte Landschaftsparks oder Lustgärten anlegen wird, in denen dann nur einige wenige einer eng umgrenzten und exklusiven Lust frönen; dann, wenn Zäune sich vervielfachen und, ergänzt durch Fußangeln und ähnliche einschlägige Erfindungen, dafür sorgen, dass die Leute auf den *öffentlichen* Wegen bleiben; dann, wenn das Wandern über Gottes Erde gleichbedeutend wird mit unbefugtem Betreten des Grundeigentums irgendeines Herrn. Wer sich einer Sache erfreut unter Ausschluss anderer, bringt sich gemeinhin um die wahre Freude daran. Lasst uns also die Gelegenheit nutzen, bevor diese schlimmen Zeiten anbrechen.

Was macht es uns manchmal so schwer zu entscheiden, wohin wir gehen sollen? Ich glaube, dass es einen subtilen Magnetismus in der Natur gibt, der uns, wenn wir uns ihm unbewusst überlassen, das rechte Ziel vorgibt. Für uns ist ganz und gar nicht gleichgültig, wohin wir gehen. Es gibt einen richtigen Weg, doch wir nehmen aus Unachtsamkeit eben leicht den falschen. Am liebsten wählten wir jenen Weg, den wir in der realen Welt noch nie gegangen sind, der aber genau jenen Pfad symbolisiert, den wir gern in der inneren, idealen Welt nehmen würden; und wissen wir manchmal nicht wohin, liegt dies zweifellos daran, dass die Vorstellung von diesem Pfad in unserem Inneren noch nicht deutlich genug ist.

Gehe ich aus dem Haus, um eine Wanderung zu machen, bin ich zuerst einmal unentschlossen, wohin ich meine Schritte lenken soll, und überlasse die Entscheidung meinem Instinkt. Und so seltsam, ja schrullig dies wirken mag: letzten Endes wende ich mich immer und unvermeidlich nach Südwesten, hin zu bestimmten Waldstücken, Wiesen, verlassenen Weiden oder Hügeln in dieser Richtung. Meine innere Kompassnadel braucht eine Weile, bis sie sich beruhigt – sie variiert von Mal zu Mal um ein paar Grad, und sie weist auch, wohl wahr, nicht immer exakt nach Südwesten; doch hat sie für diese Abweichung dann gute Gründe; zum Schluss pendelt sie sich jedenfalls immer zwischen West und Süd-Südwest ein. Die Zukunft liegt für mich auf dieser Seite; die Erde scheint mir dort reicher und noch nicht so erschöpft zu sein. Die Außenlinie der Fläche, die ich durchstreife, wäre kein Kreis, sondern eine Parabel oder sonst eine jener nicht in sich wiederkehrenden Kurven, welche die Kometen angeblich beschreiben, in diesem Falle: eine Parabel mit Öffnung nach Westen und meinem Haus anstelle der Sonne als Brennpunkt. Gelegentlich irre ich eine Viertelstunde unsicher hin und her, bevor ich dann doch zum tausendsten Mal beschließe, nach Südwesten oder Westen zu marschieren. Nach Osten gehe ich nur, wenn ich unbedingt muss; nach Westen gehe ich freiwillig. Ich habe dort eben nichts zu schaffen. Mir fällt schwer zu glauben, dass ich auch hinter dem östlichen Horizont beeindruckende Landschaften sowie Wildnis und Freiheit in genügendem Maße fände. Der Gedanke, dorthin zu wandern, hat für mich keinen Reiz; dagegen glaube ich, dass der Wald, den ich am westlichen Horizont sehe, sich durchgehend bis zur sinkenden Sonne erstreckt und dass es in ihm keine Dörfer oder Städte gibt, die auffällig genug wären, um mich zu stören. Ganz gleich, wo ich lebe: liegt auf dieser Seite die Stadt und auf jener die Wildnis, werde ich mich immer mehr von der Stadt entfernen und mich in die Wildnis zurückziehen. Ich würde diese Tatsache nicht so stark betonen, wenn ich nicht glaubte, dass eine ähnliche Tendenz auch bei meinen Landsleuten vorherrscht. Es treibt mich gen Oregon, nicht gen Europa. Und in dieser Bewegung befindet sich die ganze Nation; ja, ich möchte sagen, dass die gesamte Menschheit von Ost nach West fortschreitet. Zwar beobachten wir seit einigen Jahren bei der Besiedelung Australiens eine südöstliche Migration; doch erscheint uns dies eine rückwärtsgewandte Bewegung, und bedenkt man, was Moral und Physis der ersten europäischen

Siedlergeneration auf jenem Kontinent ausmachte, hat sich dieses Experiment noch nicht als geglückt erwiesen. Die Ost-Tataren meinen, westlich von Tibet sei nichts mehr: »Dort endet die Welt«, sagen sie, »dahinter liegt nur noch ein uferloses Meer.«* Sie leben im tiefsten Osten.

Wir gehen ostwärts, wenn wir in die Vergangenheit schauen wollen, um die Entwicklungsschritte des Menschengeschlechts nachzuvollziehen, unserer Geschichte innezuwerden und die Werke der Kunst und Literatur früherer Epochen zu studieren; westwärts aber gehen wir gewissermaßen voller Unternehmungsgeist und Abenteuerlust in die Zukunft. Der Atlantik gleicht dem Fluss Lethe**: als wir ihn überquerten, hatten wir Gelegenheit, die Alte Welt und ihre Institutionen zu vergessen. Sollte uns das diesmal nicht gelingen, haben wir vielleicht noch eine zweite Chance, bevor wir die Ufer des Styx*** erreichen, und zwar in der Lethe des Pazifiks, der dreimal so breit ist wie der Atlantik.

* Nach Évariste Régis Huc (1813–1860), einem französischen Missionar, der den Osten bereiste und seine Erfahrungen 1850 als *Souvenir d'un voyage dans la Tartarie, le Thibet et la Chine pendant les anneés 1844–46* veröffentlichte.

** Trinkt man aus diesem Fluss, so vergisst man sein vorheriges Leben, so die griech. Mythologie.

*** Der Fluss, über den entsprechend der griech. Mythologie die Toten in die Unterwelt übersetzen.

Ich weiß nicht, wie viel Bedeutsamkeit dem Umstand zukommt und inwieweit es ein Ausnahmephänomen darstellt, dass ein Individuum selbst seinen winzigsten Spaziergang im Einklang mit der Bewegung der Menschheit insgesamt macht. Aber ich weiß, dass der kollektive Wandertrieb, den wir bei Vögeln und Vierbeinern beobachten, ähnlich auch uns ergreift. Bekanntermaßen erfasst er etwa die Eichhörnchen und drängt sie zu einer rätselhaften Massenmigration. Sie durchqueren dann, so hört man, die breitesten Flüsse, indem sich jedes einzelne auf ein Stück Holz stellt und den Schwanz zum Segel emporreckt; schmalere Gewässer überbrücken sie mit den eigenen Toten. Oder nehmen wir den *furor*, der das Vieh im Frühling befällt und der von Würmern im Schwanz ausgelöst werden soll. Und etwas dem Verwandtes erfasst eben auch die Menschen, Individuen und Nationen, entweder dauerhaft oder zeitweise. Es braucht nur ein Schwarm Wildgänse schnatternd über unsere Stadt hinwegzufliegen, und schon sinken die örtlichen Grundstückspreise. Wäre ich Makler, so würde ich diese Störenfriede in meine Kalkulationen mit einbeziehen.

»Than longen folk to gon on pilgrimages,
And palmeres for to seken strange strondes.«

[Dann treibt es das Volk, auf Pilgerschaft zu gehen, / und Wallfahrer zieht es hin zu fernen Stränden.]*

Jeder Sonnenuntergang, den ich bezeuge, erfüllt mich mit dem Wunsch, westwärts zu ziehen, einem Westen entgegen so fern und schön wie der, in dem die Sonne versinkt. Sie scheint jeden Tag dorthin zu ziehen und lockt uns zu folgen. Sie ist die große Pionierin des Westens, der die Nationen folgen. Die ganze Nacht träumen wir von den Gebirgskämmen am Horizont, die ihre Strahlen bis zuletzt vergoldet hatten, auch wenn diese Höhen vielleicht nur aus Wolkendunst bestehen. Der Kontinent Atlantis** und die Inseln und Gärten der Hesperiden*** waren offenbar der Große Westen der Antike, umwoben von Mythen und Poesie. Wer hat, wenn er den Sonnenuntergang betrachtete, nicht schon einmal in seiner Phantasie am Himmel die Gärten der Hesperiden und den Ursprung all jener Sagen geschaut?

Columbus hat den Drang nach Westen stärker empfunden als irgendjemand vor ihm. Er gehorchte ihm und entdeckte eine Neue Welt für Kastilien und

* Aus dem »General Prologue« zu den *Canterbury Tales* von Geoffrey Chaucer (vgl. hier Anm. 16 auf S. 22).
** Sagenumwobener, untergegangener Kontinent.
*** Sieben Nymphen (nach anderen Versionen drei), die im äußersten Westen leben.

Leon*. Die Menschherde jener Tage witterte in der Ferne den Duft frischer Weidegründe.

»And now the sun had stretched out all the hills,
And now was dropped into the western bay,
At last *he* rose, and twitched his mantle blue;
Tomorrow to fresh woods and pastures new.«

[Nun, da die Sonne sich über alle Hügel gebreitet hatte, / nun, da sie der Bucht im Westen zusank, / erhob sich endlich *er* und raffte seinen blauen Mantel: / morgen ginge es dann fort zu frischen Wäldern und neuen Auen.]**

Wo auf dem Erdball findet sich ein Gebiet von der Gesamtfläche unserer Vereinigten Staaten, das so reich und so fruchtbar, so vielfältig in seinen Erzeugnissen und gleichzeitig so bewohnbar für Europäer wäre wie eben dieses? Michaux***, der nur einen Teil davon kannte, schreibt, dass es »in Nordamerika erheblich

* Spanische Königreiche, die Isabella von Kastillien und Ferdinand V. regierten; sie finanzierten Columbus' Entdeckungs- fahrten.

** Aus John Miltons (1608–1674) *Lycidas*. Verse 190–194.

*** François André Michaux (1770–1855), französischer Botaniker,
in seinen *Histoire des arbres forestiers de l'Amerique septentrionale* (1810–1813).

mehr Arten großer Bäume gibt als in Europa; in den Vereinigten Staaten werden über einhundertvierzig Arten höher als dreißig Fuß; in Frankreich gelingt dies nur dreißig Arten«. Spätere Botaniker haben Michaux' Beobachtungen erhärtet. Humboldt* kam nach Amerika, weil er sich seinen Jugendtraum erfüllen wollte, einmal tropische Vegetation zu erleben, und er fand sie in ihrer höchsten Vollkommenheit, als er die Urwälder des Amazonas besuchte, die gewaltigste Wildnis der Erde, die er später so eloquent beschrieben hat. Der Geograph Guyot**, selbst Europäer, geht noch weiter – und manchmal weiter, als ich ihm zu folgen bereit bin; seiner nachstehenden Feststellung freilich kann ich mich nur anschließen: »So wie die Pflanze für das Tier, die Pflanzenwelt für die Tierwelt bestimmt ist, so ist Amerika für den Menschen der Alten Welt bestimmt. [...] Der Mensch der Alten Welt macht sich auf den Weg. Er lässt die Hochländer Asiens hinter sich und steigt Stufe um Stufe hinab nach Europa. Jede dieser Etappen ist gekennzeichnet durch eine neue Zivilisation, die der jeweils vorherigen überlegen ist, dank einer größeren Gestaltungskraft. Schließlich kommt er zum Atlantik; hier,

* Alexander von Humboldt (1769–1859), deutscher Naturforscher.

** Arnold Henry Guyot (1807–1884) in seinem *The Earth and Man* von 1851.

am Gestade des ihm noch fremden Ozeans, dessen Grenzen er nicht kennt, hält er inne und kehrt für eine Weile um«. Als er aber den reichen Boden Europas erschöpft hat und wieder bei Kräften ist, »setzt er wie in frühesten Tagen seine abenteuerliche Reise nach Westen fort«. So weit Guyot.

Der unbedingte Wille, nach Westen fortzuschreiten, stieß also erst einmal auf die Barriere des Atlantiks. Aber eben dieser Konfrontation entsprangen Handel und Wirtschaft der modernen Zeit. Der jüngere Michaux berichtet in seinem Buch *Reisen westlich der Appalachen anno 1802*, die häufigste Frage in Amerikas neu besiedeltem Westen habe gelautet: »›Aus welchem Teil der Welt kommst du?‹ Als wären diese weiten und fruchtbaren Regionen der natürliche Ort der Begegnung, ja die gemeinsame Heimat aller Bewohner der Erde.«*

In Anlehnung an ein altes, leicht abgedroschenes lateinisches Sprichwort könnte ich sagen: *Ex oriente lux, ex occidente frux* – ›Aus dem Osten das Licht, aus dem Westen die Frucht‹.

Sir Francis Head**, englischer Reisender und Generalgouverneur von Kanada, schildert uns: »Auf der

* Aus André Michaux, *Voyage à l'Ouest des Monts Alléghanys* (1808).

** Sir Francis Bond Head (1793–1875), Lieutenant-Governor von Ontario, Kanada, in seinem *The Emigrant* (1847).

nördlichen wie auf der südlichen Hemisphäre der Neuen Welt hat die Natur ihre Werke nicht nur in größerem Maßstab angelegt, sondern das ganze Bild mit Farben gestaltet, die leuchtender und kostbarer sind als jene, die sie beim Konturieren und Ausmalen der Alten Welt verwendet hat [...] Der Himmel über Amerika erscheint unendlich höher, das Firmament ist blauer, die Luft ist frischer, die Kälte ist schärfer, der Mond wirkt größer, die Sterne sind heller, der Donner ist lauter, die Blitze sind greller, der Wind ist stärker, der Regen ist heftiger, die Berge sind höher, die Wälder umfangreicher, die Ebenen weiter«. Diese Aussage sollte als Gegenstimme zu dem genügen, was Buffon* über den genannten Teil der Welt und seine Hervorbringungen geschrieben hat.

Linné** wunderte sich vor langer Zeit: »Nescio quae facies *laeta, glabra* plantis Americanis« (»Ich weiß nicht, was die amerikanischen Pflanzen solch eine Heiterkeit und Glattheit ausstrahlen lässt.«***) Ich

* Georges Louis Leclerc (1707–1785), Comte de Buffon, hatte behauptet, dass nordamerikanische Tiere kleinere, degenerierte Formen anderer Tiere seien, was Thomas Jefferson in seinen *Notes on the State of Virginia* (1787) heftig bestritt.

** Carl von Linné (1707–1778), schwedischer Botaniker, in seiner *Philosophia Botanica* von 1763.

*** Genauer: »Ich wundere mich darüber, welch heiteres, glattes Antlitz den amerikanischen Pflanzen zu eigen ist.«

glaube, es gibt bei uns keine oder doch nur sehr wenige *Africanae bestiae* – ›afrikanische Raubtiere‹, wie die Römer sie nannten, so dass unser Land auch in dieser Hinsicht als Siedelstätte für den Menschen besonders geeignet ist. Man hört, dass im ostindischen Singapur keine drei Meilen vom Stadtzentrum entfernt jedes Jahr mehrere Einwohner Tigern zum Opfer fallen; in Nordamerika hingegen kann der Reisende sich fast überall in den Wäldern zur Nachtruhe legen, ohne wilde Tiere fürchten zu müssen.

Das sind in der Tat ermutigende Zeugnisse. Falls der Mond hier größer wirkt als in Europa, so die Sonne vielleicht auch. Falls die Himmel Amerikas unendlich höher erscheinen und die Sterne heller, so bin ich sicher, dass diese Gegebenheiten Symbole sind für die Höhen, zu denen sich Philosophie und Dichtkunst seiner Bewohner dereinst aufschwingen werden. Vielleicht wird eines Tages dem amerikanischen Geist auch der ideelle Himmel als der höchste erscheinen und die Ahnungen, die ihn besternen, als die hellsten. Ich glaube nämlich, dass das Klima sich auf diese Weise auf den Menschen auswirkt; zum Beispiel liegt etwas in der Bergluft, das den Geist nährt und ihn beflügelt. Wird ein Mensch, der dauerhaft unter solchen Einflüssen steht, nicht zwangsläufig geistiger und körperlicher Perfektion näherkommen? Oder ist es etwa unerheblich, wie viele Nebeltage er in seinem Leben hat? Ich bin mir sicher: Wir werden phantasievoller sein als andere; unsere Gedanken werden klarer, frischer und ätherischer sein, wie unser Himmel; unser Begriffsvermögen wird weiter und aufnahmefähiger sein, wie unsere Ebenen; unser Verstand überhaupt wird gewaltigere Ausmaße haben, wie unser Blitz und Donner, unsere Flüsse und Berge und Wälder; und unsere Herzen werden in Weite, Tiefe und Größe den Vergleich mit unseren Seen nicht zu scheuen brauchen. Vielleicht wird der Reisende dann das undefinierbare *laetum* und *glabrum*, das unsere Pflanzen ausstrahlen – Heiterkeit und Glattheit –, sogar in unseren Gesichtern finden. Wofür sonst dreht sich die Welt weiter, und wofür sonst wurde Amerika entdeckt?

Amerikanern brauche ich dies wohl kaum zu zitieren:

> »Westward the star of empire takes its way.«
>
> [Westwärts nimmt der Stern der Herrschaft seinen Weg.]*

* Wahlspruch des amerikanischen Expansionismus Mitte des 19. Jahrhunderts, die Doktrin des sog. »manifest destiny« wiedergebend, abgeleitet aus George Berkeleys (1685–1753) berühmter Zeile aus *Verses on the Prospect of Planting Arts and Learning in America* von 1752: »Westward the course of empire takes its way«.

Als echter Patriot sollte ich mich schämen, wenn ich bedenke, dass Adam im Paradies insgesamt besser gestellt war als ein Waldsiedler hier bei uns.

Wir in Massachusetts beschränken unsere Sympathien nicht auf Neu-England; zugegeben, dem Süden sind wir entfremdet, dafür sympathisieren wir stark mit dem Westen. Dort wohnen die jüngeren Söhne der Nation, die wie einst die Skandinavier aufs Meer hinausfuhren, weil sie das Gelobte Land, das ihnen als Erbe verheißen war, finden wollten. Es ist zu spät, um Hebräisch zu lernen; wichtiger wäre jetzt, unsere heutige Sprache zu beherrschen, bis hin zum Slang.

Vor ein paar Monaten besuchte ich ein begehbares Panorama des Rheins.* Es wirkte wie ein Traum vom Mittelalter. Ich trieb den historischen Strom hinunter – nein, es war nicht *nur* Phantasie –, unter Brücken hindurch, welche die Römer gebaut und spätere Helden wieder instand gesetzt hatten, vorbei an Städten und Burgen, deren Namen mir wie Musik in den Ohren klangen, und zu jeder gab es eine Legende. Ich sah Ehrenbreitstein und Rolandseck und Koblenz, die ich bisher nur aus Geschichtsbüchern kannte. Deren Ruinen interessierten mich am meisten. Von den Was-

* Also ein großes Gemälde, das auf große Rollen gezogen worden war und im Abrollen die Illusion von Bewegung erzeugte.

sern des Rheins und seinen weinbewachsenen Hügeln und Tälern schien eine gedämpfte Musik herzutönen, wie sie einst wohl Kreuzfahrer begleitet haben mag, die ins Heilige Land aufbrachen. Wie verzaubert glitt ich dahin, als wäre ich zurückversetzt in ein heroisches Zeitalter und atmete die Atmosphäre der Ritterzeit.

Wenig später betrat ich ein Panorama des Mississippi. Im Lichte der Gegenwart arbeitete ich mich den Fluss hoch und sah die Dampfschiffe Brennholz laden, zählte die aufstrebenden Städte, bestaunte die noch jungen Ruinen von Nauvoo*, blickte den Indianern hinterher, die westwärts über den Strom setzten, und so, wie ich zuvor die Mosel hinaufgeschaut hatte, schaute ich nun Ohio und Missouri hinauf, hörte die Legenden von Dubuque und Wenona's Cliff** – dies alles nun lenkte meine Gedanken freilich nicht so sehr in die Vergangenheit oder die Gegenwart, sondern vielmehr in die Zukunft. Und da erkannte ich, dass da auch ein Rhein vor mir lag, nur von anderer Art, dass die Grundsteine der Burgen erst noch gelegt und die berühmten Brücken erst noch

* Von Joseph Smith jr. gegründete Stadt in West-Illinois, die aber von ihren mormonischen Bewohnern aufgegeben wurde.

** Dubuque: im Nordosten von Iowa; Wenona's Cliff: Klippen oberhalb von Winona (Minnesota) im Mississippi.

über den Fluss geschlagen werden müssen; und ich spürte, dass *unsere Epoche selbst ein heroisches Zeitalter ist,* wir haben es nur noch nicht als solches erkannt; Helden sind ja meistens höchst schlichte und unauffällige Leute.

Der Westen, den ich meine, ist nur eine andere Bezeichnung für Wildheit, für das Wilde. Ich wollte verdeutlichen: Das Wilde garantiert die Erhaltung der Welt. Jeder Baum reckt seine Wurzelfasern nach dem Wilden aus. In den Städten zahlt man hohe Preise für das Wilde. Die Menschen bepflügen es und segeln weit, um es zu finden. Wald und Wildnis liefern die Substanzen – sie sind unter anderem in Rinden enthalten –, die den Menschen Kraft spenden. Unsere Ahnen waren Wilde. Die Sage um Romulus und Remus*, die von einer Wölfin gesäugt wurden, hat schon einen tieferen Sinn. Die Gründer aller Staaten, die später zu großen Mächten aufstiegen, haben ihre Energie aus ähnlich wilden Quellen genährt. Weil die Kinder des Römischen Reiches nicht mehr von der Wölfin gesäugt wurden, konnten die Kinder der nördlichen Wälder, bei denen dies nach wie vor der Fall war, sie besiegen und verdrängen.

* Zwillingspaar aus der antiken Mythologie, Romulus gilt als Gründer Roms.

Ich glaube an die Wälder und an die Wiesen und an die Nacht, in der das Korn aufgeht. Wir sollten zur Teezeit eine Infusion aus Hemlocktannenrinde oder Lebensbaumnadeln nehmen. Es besteht ein Unterschied, ob man isst und trinkt, um Kraft zu gewinnen, oder deshalb, um bloß der Völlerei zu frönen. Die Hottentotten* verzehren begierig, als wäre nichts selbstverständlicher, das rohe Knochenmark der Kudus und anderer Antilopenarten. Einige Indianerstämme bei uns im Norden essen das rohe Mark der arktischen Rentiere sowie verschiedene andere Teile, darunter auch Geweihspitzen, solange diese noch weich sind. Damit haben sie womöglich Pariser Köchen etwas voraus. Sie nehmen das, was gewöhnlich im Feuer landet. Wahrscheinlich ist aber gerade das besser dafür geeignet, Männern Stärke zu verleihen, als Rind- oder Schweinefleisch, das aus Maststall und Schlachthof stammt. Ich will eine Wildheit, deren Anblick keine Zivilisation ertragen kann – als ob wir vom roh verzehrten Knochenmark der Kudus lebten.

Die Pausen, welche die Walddrossel zwischen den

* Abfällige Benennung der Khoikhoi bzw. der Ureinwohner in Südwest-Afrika durch die weißen Kolonisatoren. Thoreau bezieht sich hier auf Roualeyn George Gordon-Cummings (1820–1866) *Five Years of a Hunter's Life in the Far Interior of South Africa* von 1850.

Strophen ihrer Gesänge einlegt – das wäre eine Gegend, in die ich gern zöge: ein wilder Landstrich, wo noch keine Siedler herumhocken; ich aber bin dort, denke ich, schon akklimatisiert.

Der Afrikajäger Cumming berichtet, die Haut einer eben erst zur Strecke gebrachten Elenantilope, wie übrigens auch die anderer frisch erlegten Antilopen, verströme einen äußerst köstlichen Duft nach Bäumen und Gras. Ich wollte, der Mensch wäre wie eine wilde Antilope so sehr Teil der Natur, dass er unseren Sinnen seine Gegenwart ebenso erfreulich meldet und uns durch sein Odeur verrät, in welchen Bereichen der Natur er sich besonders häufig aufhält. Ich sehe keinen Grund zum Spott, wenn dem Mantel des Trappers der Geruch der Bisamratte anhängt; mir ist dies ein süßerer Duft als jener, den die Gewandungen der Kaufleute oder Gelehrten gewöhnlich verbreiten. Öffne ich deren Schränke und prüfe ihre Kleider, so erinnert mich, was mir da in die Nase steigt, nicht an grasbedeckte Ebenen und blumenübersäte Wiesen, die sie eventuell auch aufgesucht haben, sondern vornehmlich an staubige Handelskontore und Bibliotheken.

Eine gebräunte Haut ist mehr als ehrbar, und vielleicht wäre sogar Olivgrün eine angemessenere Farbe für den Waldbewohner als Weiß. »Der bleiche weiße Mann!« *Mich* wundert nicht, dass die Afrikaner ihn bedauerten. Der Naturforscher Darwin* erinnert sich: »Wenn ein Weißer neben einem Tahitianer badete, so wirkte er wie ein durch des Gärtners Kunst gebleichtes Gewächs, verglichen mit einer wohlentwickelten dunkelgrünen Pflanze, die in freier Natur kraftvoll gedeiht«.

Ben Jonson** rief einst aus:
»Wie nah am Guten liegt das Schöne!«
Ich möchte sagen:
»Wie nah am Guten liegt das *Wilde*!«

Lebendigkeit und Wildheit sind eins. Das Wildeste ist auch das Lebendigste. Der Mensch hat es noch nicht bezwungen, daher erfrischt ihn seine Gegenwart. Einer, der schnell heranwüchse und vom Leben unendlich viel erwartete, der unablässig vorwärts drängte und nie von seinem Mühen ausruhte, fände sich immer in einem neuen Land oder in einer neuen Wildnis wieder, umgeben vom Rohstoff des Lebens. Er würde über die Stämme umgestürzter Urwaldbäume klettern.

Für mich wohnen Hoffnung und Zukunft nicht in

* Charles Darwin (1809–1882) in seinem *Journal of Researches ... during the Voyage of H. M. S. Beagle* von 1846.

** Ben Johnson (1574–1637), engl. Schriftsteller; aus seinem *Love Freed from Ignorance and Folly*.

Rasenflächen und kultivierten Feldern, nicht in Dörfern und Städten, sondern in unwegsamen Schwingmooren. Als ich vor einiger Zeit eine Farm kaufen wollte und mich selbst fragte, warum mir bestimmte Anwesen besonders gefielen, stellte ich immer wieder fest, dass lediglich ein paar Morgen einer natürlichen Senke in einer Ecke des Grundstücks mein Interesse geweckt hatten: undurchdringlicher, bodenloser Morast. Der war das Juwel, das mich blendete. Die Sümpfe in der Umgebung meines Heimatortes erbauen mich mehr als die gepflegten Gärten in unserem Städtchen. Es gibt meiner Meinung nach keine prächtigeren Parterres als die dichten Beete des Zwerglorbeers (*Cassandra calyculata*), die jene sensiblen Stellen der Erdoberfläche bedecken. Botanik nutzt mir hier nur dahingehend, dass ich auch weiß, wie die Sträucher und Kräuter heißen, die dort gedeihen: Blaubeere, Rosmarinheide, Lorbeerrose, Azalee, Rhododendron – all dies wächst auf dem schwankenden Torfmoos. Solche Massen stumpfroter Büsche hätte ich gern vor meinem Haus stehen, denke ich oft; ich brauche keine Blumen in Kübeln und Rabatten, keine verpflanzten Fichten, keine getrimmten Buchsbäume, nicht einmal Kieswege; so ein fruchtbares Fleckchen Moor will ich unter meinem Fenster haben, nicht diese paar Schubkarrenladungen Erde, die nur den beim Ausheben des Kellers zutage beförderten Sand bedecken sollen. Warum können mein Haus, mein Wohnzimmer nicht auf einen Schwingrasen schauen statt auf jenes jämmerliche Sammelsurium von Kuriositäten, jenen armseligen Versuch einer Landschaftsarchitektur *en miniature*, den ich meinen Vorgarten nenne? Nachdem Maurer und Zimmerleute fertig sind, legt man gewöhnlich einen solchen an und hat dann die Arbeit, ihn in Schuss zu halten und ordentlich herzurichten, was der Bewohner nicht nur um seiner selbst, sondern mindestens ebenso um der Passanten willen tut. Mir sagen Vorgärten nichts, die Zäune inbegriffen; auch die ästhetisch ansprechendsten unter diesen schienen mir nie lohnende Studienobjekte; sogar die kunstvollsten Ornamente – Spitze in Eichelform und dergleichen mehr – fand ich schon nach kurzer Betrachtung fade und reizlos. Rückt eure Schwelle möglichst dicht an den Rand des Sumpfes (natürlich nicht unbedingt die beste Lösung, legt man auf einen trockenen Keller Wert), so dass den Mitbürgern der Zugang von dieser Seite versperrt ist. Vorgärten müssen nicht betret-, sondern höchstens durchquerbar sein, und außerdem gibt es ja noch die Hintertür.

Ja, man mag mich für verdreht halten, aber wenn ich die Wahl hätte, neben dem schönsten Garten zu wohnen, den menschliche Kunst je zuwege gebracht hat, oder neben einem düsteren Sumpf – ich würde mich eindeutig für den Sumpf entscheiden. Wie vergeblich habt ihr Mitbürger da eure Mühen an mich verschwendet!

Je trostloser sich das Draußen zeigt, desto höher steigt meine Stimmung. Gebt mir den Ozean, die Wüste oder die Wildnis! In der Wüste entschädigen reine Luft und Alleinsein für den Mangel an Feuchtigkeit und Fruchtbarkeit. Der Forscher Burton* schreibt hierzu: »Die *Moral* bessert sich; man wird offen und herzlich, aufgeschlossen und redlich. [...] In der Wüste erregen geistige Getränke bloß Ekel. Man verspürt ungemeine Lust an der puren animalischen Existenz«. Reisende, die längere Zeit durch die tatarische Steppe zogen, berichten: »Als wir wieder besiedeltes Gebiet betraten, setzten uns die Unruhe, die Wirrsal und der Trubel der Zivilisation zu und nahmen uns den Atem; wir bekamen fast keine Luft mehr und glaubten jeden Augenblick, wir müssten ersticken«. Wenn ich Erholung brauche, suche ich mir den finstersten Wald oder den schlammigsten, umfänglichsten und – im Empfinden des Normalbürgers – schaurigsten Sumpf. Ich betrete einen Sumpf wie einen heiligen Ort – wie ein *sancta sanctorum***. Dort

* Sir Richard Francis Burton (1821–1890), engl. Entdecker, Schriftsteller und Ethnologe, in seinem *Personal Narrative of a Pilgrimage to El Medinah and Meccah* von 1856.

** Das Heiligste des Heiligen.

findet sich die Kraft, das Mark der Natur. Der wilde Wald wächst auf jungfräulicher Erde, und dieser Boden ist den Menschen nicht minder förderlich als den Bäumen. So viele Fuhren Mist die Äcker eines Bauern brauchen, damit dort alles gedeiht, so viel Morgen Wiesen braucht der Mensch in seinem Blickfeld, um gesund zu bleiben. Sie sind die entscheidende Substanz, die seine Kräfte nährt. Eine Stadt wird nicht allein durch die Gerechten bewahrt, die in ihr wohnen; dazu leisten das ihre ebenso die Wälder und Sümpfe, die sie umgeben. Eine Gemeinde, an deren Rand ein ursprünglicher Wald wogt (und unter der ein noch älterer ursprünglicher Wald vermodert), bringt nicht nur Korn und Kartoffeln hervor, sondern auch Dichter und Philosophen für kommende Zeiten. Auf solchem Boden wuchsen Homer und Konfuzius und all die anderen, und aus solcher Wildnis kommt der Erneuerer, der Heuschrecken und wilden Honig isst.*

Um wilde Tiere zu erhalten, muss man einen Wald anlegen, in dem sie leben und Zuflucht finden können. Für den Menschen gilt das gleiche. Vor hundert Jahren verkauften Leute auf unseren Straßen Rinde von heimischen Bäumen. Der bloße Anblick dieser

* Anspielung auf Johannes den Täufer, der in Matth. 3, 1–4 ähnlich beschrieben wird.

urwüchsigen, knorrigen Bäume hatte offenbar einen gerbenden Effekt, der die Fasern der menschlichen Gedanken härtete und festigte. Ach! Wie degeneriert nimmt sich verglichen damit die Gegenwart in meinem Heimatstädtchen aus – mich schaudert bei der bloßen Vorstellung! Heutzutage bekommt man hier nicht eine Wagenladung Rinde von hinreichender Stärke zusammen; und Teer und Terpentin produzieren wir auch nicht mehr.

Die großen zivilisierten Nationen – Griechenland, Rom, England – bezogen ihre Energie aus einem Boden, auf dem einst urtümliche Wälder standen, die später in diesem vermoderten. Solange dieser Humus nicht auslaugt, werden sie leben. Aber wehe der menschlichen Kultur! Wenig kann noch von einer Natur erwartet werden, wenn ihre Ackerkrume erschöpft ist und sie die Knochen ihrer Ahnen zu Dünger verarbeiten muss. Dann nährt sich der Dichter nur noch von seinem überschüssigen Fett, und der Philosoph greift auf das Mark seiner Knochen zurück.

Der Amerikaner, heißt es, habe die Aufgabe, »den jungfräulichen Boden zu bearbeiten«, und schon jetzt nehme »die Landwirtschaft Dimensionen an, die anderswo unbekannt«* seien. Ich glaube, der Farmer verdrängt den Indianer eben deswegen, weil er die

* Guyot in seinem *Earth and Men*, vgl. hier Anm. 30 auf S. 34.

Wiesen erlöst und sich dadurch stärker und in mancherlei Hinsicht natürlicher macht. Kürzlich vermaß ich für jemanden eine gerade, hundertzweiunddreißig Ruten lange Linie mitten durch einen Sumpf, an dessen Eingang die Worte hätten stehen können, die Dante* über dem Eingang zur Hölle las: »Lasst, die ihr eingeht, alle Hoffnung fahren« – die Hoffnung nämlich, jemals wieder aus ihm herauszukommen. Einmal sah ich meinen Auftraggeber tatsächlich bis zum Hals in seinem Eigentum versinken und um sein Leben schwimmen; dabei war es noch Winter. Er besaß neben diesem einen zweiten, ähnlichen Sumpf, den ich unmöglich vermessen konnte, weil er komplett unter Wasser lag. Und er hatte auch noch einen dritten; den vermaß ich mit den Augen aus der Ferne, wobei ich wohl unwillkürlich *mich* vermaß, Eigeninteresse zu zeigen; doch der Besitzer bemerkte dies gleich mit hellwachem Instinkt und versetzte, von diesem Sumpf werde er sich um keinen Preis trennen, der enthalte schlicht zu viel guten Torfschlamm. Nun plant er, binnen vierzig Monaten einen Drainagegraben um das ganze Gebiet zu ziehen; so will er auch diesen Sumpf durch die Magie seines Spatens erlösen. Ich erwähne den Mann hier nur stellvertretend für einen ganzen Stand.

* Dante Alighieri (1265–1321), *Inferno* 3.1.9.

Die Waffen, mit denen wir unsere bedeutsamsten Siege errungen haben und die vom Vater auf den Sohn vererbt werden sollten, sind nicht Schwert und Lanze, sondern Buschmesser, Torfstecher, Spaten und Hacke, rostig vom Blut vieler Wiesen und schmutzig vom Staub vieler Felder. Der Wind wehte das Maisfeld des Indianers ins Grasland – auf diese Weise wies ihm die Natur selbst einen Weg, dem er aber nicht folgen konnte, weil er nicht wusste, wie. Er besaß kein besseres Werkzeug zum Durchgraben des Landes als eine Muschelschale. Der Farmer hingegen ist mit Pflug und Spaten bewaffnet.

In der Literatur fasziniert uns nur das Wilde; ›zahm‹ ist gleichbedeutend mit ›langweilig‹. Uns begeistern die freien, wilden, unzivilisierten Gedanken in *Hamlet* und in der *Ilias* und in der Heiligen Schrift und in den alten Mythen – jene Gedanken, die nicht in den Schulen gelehrt werden. Die wilde Ente ist flinker und anmutiger als die zahme, und das nämliche gilt für den wilden Gedanken, welcher der Stockente gleich im sinkenden Tau dahineilt übers Gemoor. Ein wirklich gutes Buch ist etwas so Natürliches, etwas so unerwartet und unerklärbar Schönes und Vollkommenes wie eine in der Prärie des Westens oder in den Dschungeln des Ostens entdeckte Wildblume. Genie ist ein Licht, das die Finsternis sichtbar macht, wie ein Blitz, der den Tempel des Wissens in Trümmer legen kann – und nicht wie ein Wachskerzchen, das auf dem Kaminsims der Menschheit brennt und vor dem Licht des Alltags verblasst.

Die englische Literatur, von den Minnesängern bis zu den Lake Poets*, atmet keinen in diesem Sinne wilden Geist; wahre Frische fehlt ihr; dies gilt auch für Chaucer, Spenser und Milton, ja sogar für Shakespeare. Es ist eine im wesentlichen zahme Literatur, die sich an Griechenland und Rom orientiert. Englands Wildnis ist der grüne Forst, ihr wilder Mann ist Robin Hood. Man findet dort jede Menge herzliche Liebe zur Natur, aber an der Natur selbst mangelt es. Englands Chroniken verraten uns, wann auf seinem Boden die wilden Tiere verschwanden, nicht jedoch, wann der wilde Mensch ausstarb.

Die Wissenschaft eines Humboldt ist eine Sache, Dichtung eine andere. Trotz aller wissenschaftlichen Entdeckungen, trotz all der neuen Erkenntnisse, welche die Menschheit seither gesammelt hat, genießt der Dichter unserer Tage keinen Vorteil vor Homer.

Wo ist die Literatur, die der Natur Ausdruck verliehe? Das wäre ein Dichter, der Winde und Flüsse in seine Dienste zwingt, damit sie für ihn sprechen; der

* Eine Gruppe von engl. Lyrikern, die im Nordwesten Englands im Lake District wohnten, vor allen William Wordsworth (1770–1850) und Samuel Taylor Coleridge (1772–1834).

die Worte an ihrem ursprünglichen Sinn festnagelt, wie ein Bauer Pflöcke in eine vereiste Quelle treibt, die der Frost angehoben hat; der die Worte ableitet, sooft er sie benutzt – sie also mitsamt der an den Wurzeln haftenden Erde seinem Papier einpflanzt; dessen Worte dermaßen wahr und frisch und natürlich sind, dass sie gleichsam aufspringen wie die Knospen beim Nahen des Frühlings, auch wenn sie halb erstickt zwischen zwei muffigen Buchseiten in einer Bibliothek lagen; ja, und dort würden sie blühen und Früchte tragen, ein jegliches nach seiner Art, Jahr für Jahr, zur Freude des treuen Lesers und in Einklang mit der Natur ringsum.

Ich wüsste keine Gedichte, die diese Sehnsucht nach dem Wilden angemessen ausdrückten. In diesem Lichte erscheint selbst die beste Poesie zahm. Ich wüsste nicht, wo ich in der antiken oder der modernen Literatur Schilderungen finden könnte, welche die Natur, wie ich sie kenne, zufriedenstellend wiedergeben. Man merkt schon: ich stelle einen Anspruch, den weder das Augusteische* noch das Elisabethanische** Zeitalter – ja, kurz gesagt, den überhaupt keine *Kultur* erfüllen kann. Die Mythologie kommt dem Ideal noch am nächsten. In wie viel er-

* Als Augustus (63 v. – 14 n. Chr.) regierte, also von 30 v. bis 14 n. Chr.

** Als Elizabeth I. (1533–1603) regierte, also von 1533 bis 1603.

tragreicherer Natur wurzelt zumindest die griechische Mythologie, verglichen mit der englischen Literatur! Die Mythologie ist die Frucht, welche die Alte Welt hervorbrachte, ehe ihr Boden ausgelaugt war, ehe Phantasie und Einbildungskraft von Mehltau befallen wurden – eine Frucht, die sie auch jetzt noch hervorbringt, wo immer ihre ursprüngliche Energie noch wirkt. Alle anderen Literaturen überdauern nur, wie die Ulmen, die unsere Häuser beschatten; die Mythologie aber gleicht dem mächtigen Drachenbaum* der Kanaren. Sie ist so alt wie die Menschheit und wird – vorausgesetzt, die letztere hält sich – ebenso lange existieren, denn der Verfall der anderen Literaturen erzeugt den Humus, in dem sie gedeiht.

Der Westen schickt sich an, den Sagen des Ostens seine eigenen hinzuzufügen. Die Täler von Ganges, Nil und Rhein haben ihren Ertrag schon geliefert; nun werden wir sehen, was die Täler von Amazonas, Rio de la Plata, Orinoco, Sankt-Lorenz-Strom und Mississippi hervorbringen. Sollte die amerikanische Freiheit dereinst im Laufe der Jahrhunderte eine Fiktion geworden sein – sie ist in gewissem Maße ja heute schon eine Fiktion –, so inspiriert vielleicht die amerikanische Mythologie die Dichter der Welt.

* Dracaena draco, ein besonders mächtiger Baum.

Die wildesten Träume der Wilden sind nicht weniger wahr, nur weil sie jenem Menschenverstand widersprechen, den die meisten Engländer und Amerikaner der Gegenwart für den gesunden halten. Nicht jede Wahrheit geht mit dem gesunden Menschenverstand konform. In der Natur hat die wilde Klematis* ebenso ihren Platz wie der Kohl. Manche Manifestationen der Wahrheit sind erinnerungweckend, andere sind tatsächlich bloß *vernünftig* im landläufigen Sinne, wieder andere sind prophetisch. Manche Krankheitszustände können sogar Gesundheitszustände prophezeien. Geologen haben entdeckt, dass Basilisken, Greife, geflügelte Drachen und andere Fabeltiere, die in der Heraldik** ornamentale Verwendung finden, ihre Vorbilder in Versteinerungen von Tierarten haben, die, als der Mensch kam, längst ausgestorben waren; jene Wesen verrieten »ein verschwommenes, schemenhaftes Wissen um frühere Formen organischen Lebens«***. Die Hindus glaubten, die Welt ruhe auf einem Elefanten, der Elefant stehe auf einer Schildkröte, und die Schildkröte liege auf einer Schlange. Nun hat man – das mag ein unbedeutender Zufall sein, aber der bloße Hinweis erscheint mir hier nicht unstatthaft – kürzlich in Asien das Fossil einer

* Waldrebe, aus der Familie der Hahnenfußgewächse.

** Lehre von den Wappen.

*** So Robert Hunt in seiner *The Poetry of Science* von 1850.

Schildkröte gefunden, die groß genug war, einen Elefanten zu tragen. Ich bekenne, dass ich eine Schwäche für solche Phantasien habe, die Zeiten und Entwicklungsstufen ineinander übergehen lassen. Sie eignen sich großartig zur Erholung des Verstandes. Das Rebhuhn liebt Erbsen, nur jene nicht, mit denen es den Kochtopf teilt.

Kurz: Alles Gute ist wild und frei. Auch eine Melodie, sei sie nun von einem Instrument erzeugt oder von der menschlichen Stimme (man stelle sich etwa ein Waldhorn in einer Sommernacht vor), hat etwas, das mich (und dies sage ich ohne jede Spottabsicht) an die Schreie wilder Tiere in ihren heimatlichen Wäldern erinnert. Jedenfalls liegt genug von deren Wildheit darin, dass ich sie bemerke. Ich wünsche mir als Freunde und Nachbarn wilde Menschen, nicht zahme. Die Wildheit der Primitiven wirkt noch blass neben der erstaunlichen Ungehemmtheit, mit der gute Menschen oder Liebende einander begegnen.

Auch gefällt mir, wenn ich sehe, wie Haustiere ihre angeborenen Rechte wieder geltend machen; mich freut jedes Zeichen, dass sie ihre wilden Gewohnheiten und ihre Vitalität von einst noch nicht ganz verloren haben – wenn zum Beispiel die Kuh meines Nachbarn zu Beginn des Frühlings aus der Weide ausbricht und unerschrocken den Fluss durchschwimmt, einen kalten, grauen, infolge der Schneeschmelze angeschwollenen Strom, fünfundzwanzig bis dreißig Ruten* breit. In diesem Moment ist sie der Büffel, der wieder den Mississippi quert. Dieser Kraftakt lässt das ohnehin schon Achtung gebietende Herdenvieh noch weiter in meiner Achtung steigen. Gleich dem Samen, den die Erde birgt, bleibt unter der dicken Haut der Rinder und der Pferde der Keim des Instinkts für unbestimmte Zeit bewahrt.

Bei Rindern erwartet man eigentlich nicht, dass sie dem Übermut frönen. Ich habe jedoch einmal eine Herde Ochsen und Kühe (im ganzen ein Dutzend Tiere) genau so erlebt. In schwerfälliger Ausgelassenheit rannten und hüpften sie durch die Gegend; sie tollten derart herum, dass sie wie riesige Ratten wirkten, ja wie riesige Kätzchen. Sie schüttelten ihre Köpfe, stellten die Schwänze empor und galoppierten einen Hügel hinauf und hinunter; an ihren Hörnern und an ihrem Treiben erkannte ich unschwer ihre Verwandtschaft mit den Hirschen. Aber ach: ein plötzliches lautes »Brr!« hätte ihren Frohsinn sofort gedämpft, aus freien Waldkreaturen wieder Nutzrinder gemacht und ihre Flanken und Sehnen zu einem mechanischen Bewegungsapparat werden lassen, ähnlich dem einer Lokomotive. Wer, wenn nicht der

* Altes engl. Längenmaß, 1 rod sind 5,5 yard und entsprechen 5,0292 Metern.

Leibhaftige, hätte der Menschheit je ein »Brr!« zugerufen? Tatsächlich wird das Leben der Rinder, wie das vieler Menschen, degradiert zu einer Art Lokomotivendasein; mechanisch setzen beide Fuß vor Fuß, und durch seine Maschinen hat sich der Mensch in dieser Hinsicht dem Pferd und dem Ochsen noch zusätzlich angenähert. Jeder Körperteil, den die Peitsche berührt, ist fortan gelähmt. Die Seitenpartie eines Rindes nennen wir *Flanke*, aber die einer Katze? Wer würde bei einem Mitglied dieser geschmeidigen Familie von einer *Flanke* sprechen?

Es freut mich, dass Pferde und Stiere erst gebrochen werden müssen, bevor der Mensch sie zu seinen Sklaven machen kann, und dass auch die Menschen noch ein paar Körner Wildhafer zum Aussähen haben, bevor sie unterwürfige Mitglieder der Gesellschaft werden. Zweifellos eignen sich die einen Menschen bestens für ein Leben als Untertanen der Zivilisation, andere dagegen weniger; zwar mögen die meisten durch ererbte Veranlagung so zahm sein wie Hunde oder Schafe; dies rechtfertigt aber nicht, dass man den übrigen den Charakter bricht, bis sie auf den Grad Fügsamkeit herabsinken, der sich bei der Mehrheit findet. Im großen und ganzen sind die Menschen gleich, aber im einzelnen wurden ihnen Unterschiede beigelegt, damit es Vielfalt und Besonderheiten gebe. Bescheidenen Anforderungen wird der eine fast oder auch genauso gerecht werden wie der andere, doch bei höheren Aufgaben sollte man auf individuelle Qualitäten achten. Jeder kann »ein Loch stopfen, um den Wind abzuhalten«*, aber kein zweiter besitzt eine solche Ausnahmebegabung wie der Urheber dieses Bildes. Konfuzius sagt: »Die Häute von Tiger und Leopard sind gegerbt nicht anders als die gegerbten Häute von Hund und Schaf.«** Wahre Kultur sollte freilich weder Tiger zähmen noch Schafe bestialisieren wollen; und man kann sie bestimmt besser nutzen, als indem man ihre Häute gerbt und Schuhe daraus macht.

Lese ich eine Liste mit Namen in einer fremden Sprache, etwa von Militärs oder Autoren, die über ein bestimmtes Thema geschrieben haben, so wird mir wieder klar, dass ein Name gar nichts ist. Der Name Meschkow*** zum Beispiel klingt in meinen Ohren nicht menschlicher als ein Schnurrbart, und der könnte auch einer Ratte gehören. Den Polen und Russen

* Shakespeare in *Hamlet* V, 1: »Der große Cäsar, tot und Lehm geworden, / Verstopft ein Loch wohl vor dem rauen Norden«.

** Aus den *Annalen* 12,8: Thoreau zitiert nach Jean-Pierre-Guillaume Pauthiers *Confucius et Mencius: Les Quatre Livres de Philosophie Morale et Politique de la Chine* von 1841.

*** Möglicherweise Anspielung auf den russischen Staatsmann Prinz Alexander Sergejewitsch Menschikow (1787–1869).

klingen unsere Namen genauso sinnleer wie uns die ihren. Sie wirken, als stammten sie aus einem kindlichen Abzählreim: *Ene mene mink mank, pink pank, ene mene acke backe, eia peia weg.* Vor meinem geistigen Auge sehe ich eine Herde wilder Tiere über Land ziehen, und jedem hat der Hirte einen barbarischen Laut seines eigenen Dialekts zugeordnet. Die Namen von Menschen sind, versteht sich, nicht minder willkürlich und bedeutungslos als Hundenamen wie *Fifi* oder *Treff.*

Mir scheint, es wäre ein Vorteil für die Philosophie, wenn Menschen schlicht nach dem benannt würden, was im groben über sie bekannt ist. Das Geschlecht, vielleicht noch Rasse und Stamm – mehr braucht man nicht, um ein Individuum zu kennzeichnen. Es fällt uns schwer zu glauben, dass jeder einzelne Fußsoldat der römischen Armee einen eigenen Namen besaß – weil wir uns nicht vorstellen können, dass er einen eigenen Charakter hatte. Heute sind Spitznamen unsere einzigen wahren Namen. Ich kannte einen Jungen, der wegen seines eigentümlichen Tatendranges von seinen Spielkameraden »Buster« (›Treibauf‹) genannt wurde, und dieser Spitzname verdrängte – zu Recht – seinen Taufnamen. Forscher berichten, dass ein Indianer zunächst gar keinen Namen bekam; den musste er sich erst verdienen; nur einem Namhaften stand ein Name zu; bei einigen Stämmen erhielt er sogar nach jeder neuen Heldentat auch einen neuen Namen. Es ist erbärmlich, wenn jemand einfach so und so heißen darf, obwohl er sich weder Namen noch Namhaftigkeit erworben hat.

Nein, ich bleibe dabei, Namen allein machen in meinen Augen noch keinen Unterschied; für mich sind die Menschen erst einmal eine große Herde. Ein vertrauter Name macht mir einen Menschen nicht weniger fremd. Man könnte diesen Namen ebenso gut einem Primitiven geben, der diesen fortan führt und seinen eigenen wilden Namen, den er sich im Wald erworben hat, verschweigt. Wir haben einen primitiven Wilden in uns, und vielleicht ist irgendwo unser wilder Name verzeichnet. Mein Nachbar trägt einen vertrauten Namen wie William oder Edwin, zieht ihn aber, scheint mir, zusammen mit seiner Jacke aus. Er haftet ihm nicht an, wenn er schläft, wenn er wütend ist, wenn eine Leidenschaft ihn erregt oder ihm ein Einfall kommt. Bei solchen Gelegenheiten glaube ich zu hören, wie einige aus seiner Verwandtschaft seinen ursprünglichen, wilden Namen sagen, bald in zungenbrecherischer, bald in melodischer Sprache.

Ringsum liegt unsere gewaltige, wilde, heulende Mutter, die Natur, so schön und ihren Kindern so zugetan wie eine Leopardin; und doch werden wir ihrer Brust so früh entwöhnt und wenden uns der Gesellschaft zu, jener Kultur, die allein aus der Interaktion zwischen Menschen besteht – eine Art fortgesetzter Inzucht, die bestenfalls einen englischen Adel hervorbringt, eine Zivilisation, der ein baldiges Ende bestimmt ist.

In der Gesellschaft und den besten Institutionen lässt sich leicht eine gewisse Frühreife ausmachen. Wir sind bereits kleine Männer, wenn wir doch eigentlich noch heranwachsende Knaben sein sollten. Ich will eine Kultur, die jede Menge Schlamm von den Sumpfwiesen holt und damit den Boden unterstützt – und keine, die sich allein auf Heißdünger, verbesserte Geräte und neue Anbaumethoden verlässt!

Manch ein bedauernswerter Student mit geröteten Augen, von dem ich gehört habe, würde rascher körperlich wie geistig erstarken, wenn er sich, statt bis tief in die Nacht hinein zu lernen, ohne schlechtes Gewissen die Stunden Schlaf gönnte, die das Sprichwort eigentlich nur Narren zugesteht.*

Womöglich gibt es selbst beim Licht, dem Alleserheller, ein schädliches Zuviel. Der Franzose Niépce** entdeckte die ›Aktinität‹, jenes in den Sonnenstrah-

* Anspielung auf das engl. Sprichwort bzw. »fools allowance«: Ausreichend seien sechs Stunden Schlaf für einen Mann, sieben für eine Frau und acht für einen Narren.

** Der französische Erfinder und Fotograf Joseph Nicéphore Niépce (1765–1839).

len enthaltene Potential, das chemische Prozesse hervorruft. So sind Granitfelsen, Steingebäude und Metallsäulen, »während die Sonne scheint, einer zerstörerischen Wirkung ausgesetzt, denn in jenen Stunden berührt sie unablässig die subtilste aller Kräfte des Universums, unter der sie entzweigingen, hätte die Natur nicht ein kaum weniger wunderbares Gegenmittel geschaffen«. Denn die »Substanzen, die bei Tageslicht solchen Reaktionen unterworfen waren, besitzen die Fähigkeit, während der Nacht, wo diese Strahlenreizung fehlt, ihren ursprünglichen Zustand wiederherzustellen«. Daraus zieht Niépce den Schluss, dass »die Stunden der Dunkelheit für den anorganischen Teil der Schöpfung ebenso notwendig sind wie der Schlaf für das Reich des Organischen«*. Selbst der Mond scheint ja nicht jede Nacht, sondern weicht gelegentlich der Dunkelheit.

Ich halte es für falsch, jeden Menschen oder jeden Teil des Menschen zu kultivieren; ebenso falsch finde ich es, jeden Hektar Boden zu kultivieren. Ein Teil davon soll bestellt werden; doch der größere Teil soll Wiese und Wald bleiben und keinem unmittelbaren Zweck dienen, sondern einem vorsorgenden, nämlich durch den jährlichen Zerfall der Vegetation einen Humus für eine ferne Zukunft bilden.

* Zitiert nach Robert Hunts *The Poetry of Science* von 1850.

Für ein Kind gibt es noch mehr Buchstaben zu lernen als jene, die Kadmos* erfand. Die Spanier haben einen schönen Ausdruck für dieses wilde, dunkeltonige Wissen: *gramática parda*, ›gelbbraune Grammatik‹, eine Art Mutterwitz oder Bauernschläue; bei dem Begriff stand ebenjene Leopardin Pate, die ich oben erwähnte.

Seit einiger Zeit, hören wir, gibt es eine »Gesellschaft zur Verbreitung nützlichen Wissens«. Man sagt ja auch, Wissen sei Macht, und dergleichen mehr. Mir scheint jedoch, dass mindestens ebenso eine »Gesellschaft zur Verbreitung nützlichen Unwissens«, oder sagen wir lieber »wunderbaren Wissens«, gebraucht würde, denn in höherem Sinne ist dieses Wissen sehr wohl nützlich: Was ist nämlich ein Großteil unseres sogenannten Wissens, mit dem wir uns brüsten, anderes als die Einbildung, wir wüssten etwas? Eine Einbildung, die uns des Vorteils beraubt, den unser tatsächliches Unwissen bietet? Was wir Wissen nennen, ist oft nur unser positives Unwissen, Unwissen oft nur unser negatives Wissen. Indem er jahrelang fleißig lernt und Zeitungen liest – wissenschaftliche Bibliotheken sind letztlich doch nichts anderes als Zeitungsarchive –, häuft der

* Mythische Figur, die den Griechen das Alphabet gebracht haben soll.

Mensch unendlich viele Fakten an und speichert sie in seinem Gedächtnis; doch wenn dann gleichsam der Frühling seines Lebens kommt, schlendert er durch die weiten Felder des Denkens dahin, grast gewissermaßen wie ein Pferd und lässt sein Geschirr im Stall zurück. Der »Gesellschaft zur Verbreitung nützlichen Wissens« möchte ich manchmal zurufen: Gehet hin und grast! Ihr habt lange genug Heu gefressen. Der Frühling ist da mit seinen grünen Halmen. Sogar die Kühe werden spätestens Ende Mai auf die Weiden getrieben. Freilich habe ich von einem absonderlichen Bauern gehört, der seine Kuh das ganze Jahr im Stall behielt und mit Heu fütterte. Und genauso behandelt die »Gesellschaft zur Verbreitung nützlichen Wissens« ihre Herde.

Die Unwissenheit eines Menschen ist manchmal nicht nur nützlich, sondern auch schön – während sein sogenanntes Wissen oft mehr als nutzlos ist und hässlich obendrein. Mit wem mag der Umgang angenehmer sein: mit jemandem, der über ein bestimmtes Thema nichts weiß und, was äußerst selten vorkommt, auch weiß, dass er nichts weiß – oder mit jemandem, der tatsächlich etwas darüber weiß, aber glaubt, er wisse alles?

Mein Verlangen nach Wissen kommt periodisch; doch das Verlangen, meinen Kopf in Atmosphären zu tauchen, die meinen Füßen fremd sind, habe ich konstant, ja permanent. Das Höchste, was wir erlangen können, ist nicht Wissen, sondern Offenheit für Einsichten. Vielleicht führt dieses höhere Wissen zu nichts Bestimmterem als zu einem neuen, gewaltigen Staunen, wenn wir überrascht plötzlich die Unzulänglichkeit all dessen erkennen, was wir bisher Wissen genannt hatten; wenn wir entdecken, dass es mehr Dinge im Himmel und auf Erden gibt, als sich unsere Schulweisheit träumen lässt.* Ähnlich leuchten Sonnenstrahlen durch den Nebel. In einem höheren Sinne als diesem kann der Mensch nicht *wissen*, ebenso wenig wie er heiter und ungestraft der Sonne ins Antlitz schauen kann: *Ὡς τὶ νοῶν, οὐ κεῖνον νοήσεις* – »Du wirst dies nicht so erkennen, wie du ein Ding erkennst«, heißt es in den *Chaldäischen Orakeln.***

Es liegt etwas Unterwürfiges darin, wenn wir immerzu ein Gesetz suchen, dem wir gehorchen können. Wir mögen zwar nach Belieben und zu unserem Frommen die Gesetze der Materie erforschen, doch ein erfolgreiches Leben kennt kein Gesetz. Sicher ist es eine unerfreuliche Entdeckung, dass ein Gesetz uns dort bindet, wo wir uns bisher ungebunden wähnten. Lebe frei, Kind des Nebels, – ja, was Wissen betrifft, sind wir alle Kinder des Nebels. Der

* *Hamlet* I, 5, 166 f.

** Thoreau bezieht sich auf »The Oracles of Zoroaster« aus *The Phoenix: A Collection of Old and Rare Fragments* (1835).

Mensch, der sich die Freiheit nimmt zu leben, steht kraft seiner Beziehung zum Schöpfer der Gesetze über allen Gesetzen. »Wahre Pflicht«, lehrt das Vishnupurana, »ist nur jene, deren Erfüllen uns nicht einschränkt; wahres Wissen ist nur jenes, das uns befreit; alle andere Pflicht führt nur zur Ermüdung; alles andere Wissen ist nur die Geschicklichkeit eines Gauklers«.*

Es ist bemerkenswert, wie wenig große Ereignisse oder Krisen es in unserer persönlichen Geschichte gibt; wie wenig unser Geist geübt wurde; wie wenige Erfahrungen wir gemacht haben. Ich würde wirklich gern rasch und üppig wachsen, auch wenn dieses Wachstum meinen dumpfen Gleichmut störte, auch wenn ich mich dabei durch lange, dunkle, schwüle Nächte oder trübsinnige Jahreszeiten kämpfen müsste. Es wäre nicht schlecht, wenn unser ganzes Leben eine göttliche Tragödie wäre und nicht diese triviale Komödie oder Farce. Dante, Bunyan** und andere haben ihren Geist offenbar weit mehr geübt als wir: Sie waren einer Art von Kultur ausgesetzt, die sich unsere Distriktschule und Colleges nicht einmal vorstel-

* Thoreau zitiert diesen heiligen Text der Hindi nach James Elliot Cabots *The Philosophy of the Ancient Hindoos* (1848).

** John Bunyan (1628–1688), engl. Prediger und Autor von *The Pilgrim's Progress.*

len können. Selbst Mohammed, bei dessen Namen viele aufschreien, hatte mehr, für das sich zu leben und, ja, zu sterben lohnte, als diese Schreier es gewöhnlich haben.

Falls einem, was selten geschieht, ein Gedanke kommt, der einen sehr beschäftigt, während man gerade einen Bahndamm entlangspaziert, so fährt wahrhaftig der Zug vorbei, ohne dass man ihn hört. Schon bald aber geht das Leben, einem unerbittlichen Gesetz folgend, weiter seinen Gang, und der Zug ist wieder da.

»Gentle breeze, that wanderest unseen,
And bendest the thistles round Loira of storms,
Traveller of the windy glens,
Why hast thou left my ear so soon?«

[Sanfte Brise, die du unsichtbar vorüberziehst / Und die Disteln biegst am stürmischen Lora-Fluss, / Reisende du in windigen Schluchten – / Warum hast du mein Ohr so schnell verlassen?]*

Fast alle Menschen fühlen sich zur Gesellschaft hingezogen; nur wenige fasziniert die Natur. In ihrem Verhältnis zur Natur scheinen die Menschen mir,

* Ossian, »Ca-Lodin« 2–5, in Patrick Macgregors *The Genuine Remains of Ossian* von 1841.

trotz ihrer vielen Künste, auf einer niedrigeren Stufe zu stehen als die Tiere. Sie haben nur selten jenes wunderbare Verhältnis zu ihr, das die Tiere haben. Wie wenig wissen wir die Schönheit einer Landschaft zu schätzen, die uns umgibt! Zwar hat man uns gelehrt, dass die Griechen die Welt *κόσμος* nannten – ›Schönheit‹, oder auch ›Ordnung‹ –, aber wir begreifen nicht recht warum; wir betrachten dies bestenfalls als philologische Kuriosität.

Was mich betrifft, so habe ich das Gefühl, dass ich im Hinblick auf die Natur das Leben eines Grenzgängers führe. Ich lebe am Rande einer Welt, in die ich nur dann und wann kurze Raubzüge unternehme; zwar bin ich nach außen hin patriotisch und loyal meinem Staat gegenüber, denn ich ziehe mich immer wieder auf dessen Territorium zurück, aber dies sind Patriotismus und Loyalität eines Strauchdiebs. Für ein Leben, das ich ›natürlich‹ nennen könnte, wäre ich sogar bereit, einem Irrlicht durch schaurige Moore und Moraste zu folgen, aber weder Mond noch Glühwürmchen haben mir je den Pfad dorthin gewiesen. Die Natur ist ein so riesiges und allumfassendes Wesen, dass wir ihr Antlitz nicht einmal ansatzweise kennen. Wer durch die vertrauten Felder wandert, die sich um meine Heimatstadt herum erstrecken, findet sich manchmal in einem fremden Land wieder, in einem Land zumindest, das ganz anders ist, als es in den Grundbüchern der Eigentümer beschrieben steht. So waren die Verhältnisse in gewissen entlegenen Fluren an der Peripherie des Städtchens; die Felder gehören zwar gemeindemäßig noch zu Concord, aber ihre Gesetze gelten dort nicht mehr; die heimeligen Assoziationen jedenfalls, welche das Wort *concord* bzw. Gemeinschaft gewöhnlich auslöst, die löst jene Gegend nicht aus. Diese Farmen habe ich selbst vermessen, selbst ihre Grenzlinien gezogen; aber die Dinge, die ich hier meine, sind nur schemenhaft zu sehen, wie durch einen Nebel; es gibt auch keine Methode, sie zu fixieren; ihre Umrisse verblassen auf der photographischen Platte; und wenn ein Maler sie malt, hebt sich ihr Bild nur schwach vom Untergrund ab. Die Welt, die uns allgemein geläufig ist, hinterlässt keine Spuren, und man wird keine Jahrestage für sie feiern.

Kürzlich unternahm ich nachmittags einen Spaziergang auf dem Gelände von Spauldings Farm. Ich sah, wie die untergehende Sonne die gegenüberliegende Seite des üppigen Kiefernwaldes beleuchtete. Ihre goldenen Strahlen wanderten in den Schneisen des Waldes umher; sie ließen sie erglänzen wie die prunkvolle Halle eines noblen Hauses. Ich war beeindruckt; alles schien so, als hätte sich eine uralte und unbedingt respektable, illustre Familie in diesem zu Concord gehörenden Landstrich niedergelassen; eine

Familie, die ich nicht kannte, deren Dienerin die Sonne war und die sich weder der Gesellschaft des Städtchens vorgestellt noch aus diesem Besuch empfangen hatte. Ich sah ihren Park, ihren Lustgarten durch den Wald schimmern: Spauldings Preiselbeerwiese. Die Kiefern reckten sich wie Giebel darüber empor. Ihr Haus war nicht leicht auszumachen, denn Bäume wuchsen hindurch. Hörte ich da Geräusche gedämpfter Heiterkeit? Ich weiß es nicht genau. Offenbar hatten die Bewohner es sich auf den Sonnenstrahlen bequem gemacht. Sie haben Söhne und Töchter. Es geht ihnen bestens. Dass der Karrenpfad des Farmers mitten durch ihre Halle führt, stört sie ganz und gar nicht; er ist ja auch nur schwach zu erkennen, wie der schlammige Boden eines Teiches, in dem sich der Himmel spiegelt. Der Name »Spaulding« sagt ihnen überhaupt nichts; sie wissen nicht, dass er ihr Nachbar ist – dabei habe ich ihn eben pfeifen hören, als er sein Fuhrwerk durch ihr Haus lenkte. Eine Heiterkeit ohnegleichen kennzeichnet ihr Leben. Ihr Wappen ist eine schlichte Flechte. Ich sah es auf Kiefern und Eichen gemalt. Ihr Dachboden sind die Baumwipfel. Politik interessiert sie nicht. Ich vernahm keinerlei Arbeitsgeräusche; sie scheinen nicht zu weben oder zu spinnen. Und doch: Als der Wind sich legte und auch alle anderen Laute verstummten, drang an mein Ohr, unvorstellbar leise, ein feines, süßes, melodisches Summen, wie von einem fernen Bienenstock im Mai. Vielleicht war das der Klang ihres Denkens. Offenbar hatten sie keine müßigen Gedanken. Ihre Arbeit konnte kein Außenstehender sehen; die Astknoten und Wucherungen waren jedenfalls nicht die Erzeugnisse ihres Fleißes.

Es bereitet mir jedoch Schwierigkeiten, mich ihrer zu erinnern. Kaum versuche ich dies, verbleichen sie auch schon unwiederbringlich, selbst jetzt, da ich spreche und mir unter Aufbieten meiner Geisteskräfte alle Mühe gebe, sie zurückzubeschwören. Nur nach langen und intensiven Anstrengungen, meine besten Gedanken erneut zu mobilisieren, kann ich mir ihre Mitbewohnerschaft wieder vergegenwärtigen. Wenn es Familien wie diese nicht gäbe, würde ich wohl aus Concord fortziehen.

In Neu-England pflegen wir zu klagen, dass von Jahr zu Jahr immer weniger Tauben herkommen. Unsere Wälder liefern ihnen keine Früchte. Ähnlich verhält es sich mit dem Menschen, wenn er älter wird: Ihm kommen Jahr für Jahr weniger Gedanken, denn der Hain unseres Geistes ist abgeholzt – verkauft, um die Feuer unnützen Ehrgeizes zu nähren, oder zur Sägemühle geschafft; so bleibt kaum ein Zweig übrig, auf den sie sich setzen könnten. Sie bauen in uns weder Nester noch brüten sie dort. In freundlicheren Jahreszeiten huscht vielleicht noch ein flüchtiger Schatten über die Landschaft unseres Geistes dahin, den die *Schwingen* eines Gedankens werfen, der sich auf seinem Frühlings- oder Herbstzug befindet, doch wenn wir hochblicken, können wir die *Substanz* des Gedankens nicht erkennen. Die paar Gedanken, die hier bleiben, haben sich in Federvieh verwandelt. Sie fliegen nicht in den Himmel, und sie erreichen nur noch das Format asiatischer Zwerghühner. Das sind dann die *groooßen* Gedanken der *groooßen* Männer, von denen man so viel hört!

Wir kleben an der Erde, – wie selten steigen wir empor! Ich meine, wir sollten uns etwas mehr erheben. Wir könnten wenigstens auf einen Baum klettern. Mir hat das Erklimmen eines Baums einmal deutlich etwas eingetragen. Es war eine hohe Weymouthskiefer oben auf einem Hügel; und obwohl ich mich ganz schön vollharzte, wurde ich für meine Mühe reich belohnt, denn ich entdeckte Berge am Horizont, die ich noch nie gesehen hatte; ich sah so viel mehr von der Erde und vom Himmel. Um den Stamm des Baumes hätte ich 70 Jahre herumlaufen können, die Berge hätte ich gewiss nie zu Gesicht bekommen. Vor allem aber entdeckte ich – es war gegen Ende Juni – rings in der luftigen Höhe, und zwar nur an den Spitzen der obersten Zweige, ein paar winzige, zarte rote Zapfen: die prächtigen, himmelwärts gewandten

Blüten der Weymouthskiefer. Ich brach einige Zweige aus dem Wipfel und trug sie geradewegs in die Stadt. Dort zeigte ich sie den auswärtigen Geschworenen – es war nämlich Gerichtswoche –, den Farmern, Holzhändlern, Baumfällern und Jägern. Keiner von ihnen hatte je dergleichen gesehen, und sie staunten, als wäre ein Stern auf die Erde gefallen. Nennt mir einen antiken Baumeister, der die oberen Stellen der Säulen ebenso sorgfältig ausgeführt hätte wie die weiter unter gelegenen, besser sichtbaren Partien! Die Natur hat von Anbeginn dafür gesorgt, dass die winzigen Blüten des Waldes zum Himmel gerichtet sind, hoch über den Köpfen der Menschen und von diesen unbemerkt. Wir sehen nur die Blumen, die zu unseren Füßen wachsen. Die Kiefern treiben seit ewiger Zeit ihre Blüten an den höchsten Zweigen des Waldes aus, über den Köpfen der roten wie der weißen Kinder der Natur, und doch hat kaum ein Farmer oder Jäger in diesem Land sie je wahrgenommen.

Vor allem eines können wir uns nicht leisten, nämlich nicht in der Gegenwart zu leben. Der ist der meistgesegnete unter den Sterblichen, der keinen Augenblick des flüchtigen Lebens daran verliert, sich der Vergangenheit zu erinnern. Unsere Philosophie muss jeden Hahnenschrei auf sämtlichen Bauernhöfen innerhalb unseres Gesichtskreises hören, sonst verspätet sie sich. Dieser Laut erinnert uns gewöhnlich daran, dass wir in unseren Tätigkeiten und Denkgewohnheiten eingerostet und antiquiert sind. Im Gegensatz zu unserer Philosophie beschäftigt sich die des Hahns mit dem erst kürzlich Erfolgten. Sie verweist auf ein neueres Testament – auf das Evangelium des jeweiligen Augenblicks. Der Hahn ist nicht zurückgefallen; er ist früh aufgestanden und bis in die Frühe aufgeblieben; und dort zu sein, wo er ist, bedeutet, im rechten Moment am rechten Ort, bedeutet, auf der Höhe der Zeit zu sein. Sein Schrei ist ein Ausdruck natürlicher Kraft und Gesundheit, ein Prahlen vor aller Welt – Gesundheit, die wie aus einer Quelle sprudelt, ein neuer Quell der Musen*, um diesen jüngsten Augenblick zu feiern. Wo er wohnt, werden keine Gesetze zur Rückführung entflohener Sklaven erlassen. Und wer hätte seinen Herrn nicht schon viele Male verraten, seit er diesen Ton zuletzt hörte?

Der besondere Vorzug, der im Ruf dieses Vogels liegt, besteht darin, dass er frei ist von aller Klage. Sänger können uns leicht zu Tränen rühren oder zum Lachen bringen – doch wo ist jener, der uns mit reiner Morgenfreude beseelt? Wenn ich an einem Sonntag, betrübt und niedergeschlagen, schweren Schrittes

* In der griech. Mythologie verwandelte Apoll eine Nymphe in eine Quelle: Wer immer aus dieser Quelle trank, wurde vom Geist der Dichtung inspiriert.

die Stille auf unseren hölzernen Bürgersteigen breche, oder wenn ich vielleicht in einem Trauerhaus Totenwache halte und ich dann einen jungen Hahn krähen höre, fern oder nah, dann denke ich mir: »Wenigstens einer von uns ist guter Dinge« – und mit einem Schlag bin ich wieder bei Sinnen.

Eines Abends im letzten November hatten wir einen außergewöhnlichen Sonnenuntergang. Ich ging über eine Wiese, auf der ein kleiner Bach entsprang, als die Sonne, kurz bevor sie nach einem kalten, grauen Tag versank, einen wolkenlosen Streifen am Horizont erreichte; und da fiel das sanfteste, hellste Morgensonnenlicht auf das trockene Gras, auf die Stämme der Bäume am Horizont gegenüber und auf die Blätter der Zwergeichen am Hang, während unsere Schatten sich über die Wiese weit nach Osten reckten, als wären wir die einzigen Partikelchen in ihren Strahlen. Ein solches Licht hätten wir uns einen Augenblick zuvor überhaupt nicht vorstellen können; und auch die Luft war so warm und heiter, dass nichts fehlte, um jene Wiese zu einem Paradies zu machen. Als wir bedachten, dass dies kein einmaliges, nie wiederkehrendes Phänomen war, sondern dass es an unzähligen Abenden stets aufs neue geschehen und noch das letzte dort umherwandernde Kind erfreuen und beruhigen würde, erschien uns das Ganze noch herrlicher.

Die Sonne geht über einer Brachwiese, auf der kein Haus zu sehen ist, mit der gleichen Pracht und Glorie unter, die sie über Städte ausschüttet, und vielleicht geht sie genau an diesem kargen Ort unter, wie sie noch nie zuvor unterging; dabei vergoldet sie dort bloß einem einsamen Habicht die Schwingen; nur eine Bisamratte schaut aus ihrem Bau hervor, und ein kleines, schwarz geädertes Rinnsal beginnt mitten im Morast zu mäandern und windet sich langsam um einen vermodernden Baumstamm. Wir wanderten in einem unsagbar reinen und strahlenden Licht, das die verwelkten Gräser und Blätter golden leuchten ließ, einem Licht, so sanft, heiter und hell, dass ich glaubte, noch nie hätte ich in einer solch goldenen Flut ohne Wellen und ohne Laut gebadet. Die dem Westen zugewandten Seiten aller Wälder und aller Höhen schimmerten wie der Saum des Elysiums*, und die Sonne in unserem Rücken erschien uns wie ein gütiger Hirte, der uns zum Abend heimwärts trieb.

So pilgern wir zum Heiligen Land, im Schlendergang, bis eines Tages die Sonne heller scheint als je zuvor, ja vielleicht sogar in unsere Herzen hinein, und unser ganzes Leben taucht in ein großes, erweckendes Licht – warm und heiter und golden wie ein Bachufer im Herbst.

* In der griech. Mythologie der Platz, an dem Helden und große Seelen ihre letzte Ruhe finden.

Zu dieser Ausgabe

Die Übersetzung folgt der englischen Ausgabe:

Henry D. Thoreau: Walden, Civil Disobedience and other Writings. Authoritative Texts. Journal. Reviews and posthumous assessments. Criticism. Edited by William Rossi (A Norton Critical Edition). Third Edition. New York / London 2008.

Zum Autor

Henry David Thoreau (12. Juli 1817 – 6. Mai 1862) war zeitlebens ein streitbarer Mensch. Finanziell relativ gut abgesichert als Sohn eines Fabrikanten für Bleistifte, studierte er von 1833 bis 1837 an der Harvard University. Später arbeitete er für nur kurze Zeit als festangestellter Lehrer: Er weigerte sich, seine Schüler körperlich zu züchtigen, und verlor daraufhin seine Stelle. 1838 gründete er mit seinem Bruder John eine eigene Privatschule, die aber 1842, nach dem Tod des Bruders, bereits wieder geschlossen wurde. Im Jahr 1841 lernte er den amerikanischen Dichter Ralph Waldo Emerson (1803–1882) kennen, in dessen Haus er auch zeitweilig lebte.

Am 4. Juli bzw. am Unabhängigkeitstag des Jahres 1845 zog er in eine Blockhütte im Wald bei Concord am Walden-See. Das Grundstück gehörte den Emersons. In seinem berühmten Werk *Walden. Oder Leben in den Wäldern* (orig. *Walden. Or life in the Woods*) schildert er sein dortiges einfaches Leben (das Buch prägte alternative Bewegungen besonders im 20. Jahrhundert).

Noch einflussreicher wurde sein Essay »Walking«. Thoreau hatte seinen Text mehrfach vorgetragen (erstmals unter dem Titel »Walking, or The Wild« am 23. April 1851 im Concord Lyceum) und ihn immer wieder überarbeitet (bis 1857 war das Manuskript auf über 100 Seiten angewachsen und wurde vom Autor in zwei Teile geteilt). »Walking« erschien dann erstmals in der Zeitschrift *Atlantic Monthly* 1862, S. 657–674 (diese Fassung ist auch Grundlage der vorliegenden Übersetzung).

Zusammen mit Emersons Essay »Nature« von 1836 (den Thoreau in seiner Zeit im Harvard College gelesen hatte und quasi auswendig kannte) und George Perkins Marshs (1801–1882) *Man and Nature* von 1864 wurde »Walking« zu einem der einflussreichsten Texte für die Umweltbewegung.